いつも日本語で悩んでいます

朝日新聞校閲センター

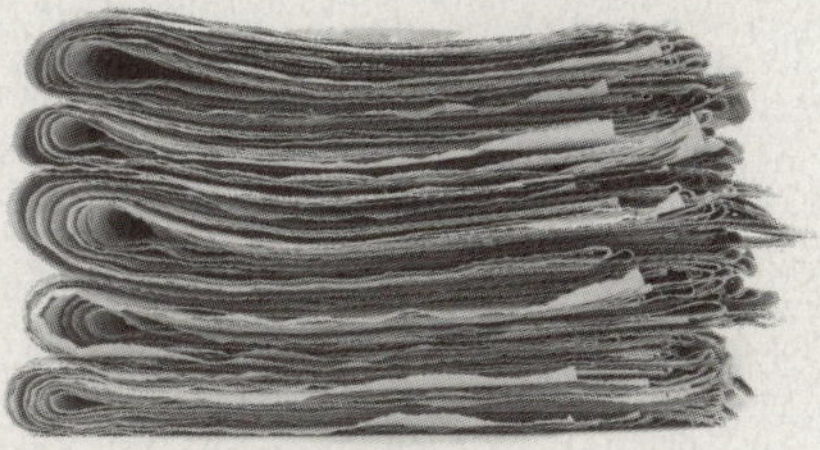

日常語・新語・難語・使い方

さ

◆目次

1 覚え違いしていませんか? ことばづかいの死角

2
どう書く？　どう読む？　迷ってしまうことば対策

3 ほんとうの意味は？ 字源・語源がおもしろい

4　進化、それとも突然変異？　激動することばたち

5 さらに磨きたい！日本語感覚

いつも日本語で悩んでいます

●日常語・新語・難語・使い方

本書は朝日新聞朝刊の「ことばの広場」（2015年4月8日～2017年12月6日）に掲載されたものを書籍化したものです。

1

覚え違いしていませんか？
ことばづかいの死角

入籍＝結婚ではない？

●入籍はあくまで戸籍用語

２０１５年に大リーグが開幕したときのこと、キャンプ中に交際相手の妊娠を発表して話題になったダルビッシュ有《ゆう》投手は、右ひじを手術し、残念ながら４季目をリハビリのシーズンとして迎えていました。

２月下旬、「入籍等はまだ未定」と、彼のブログから記事に引用したところ、「入籍」を婚姻の意味で使うのは女性差別的で不適切なのではと指摘する女性読者のメールが届きました。

戸籍用語としての「入籍」は本来、すでにある戸籍に別の人が入る手続きのこと。出生届で子が親の戸籍に入る例などが該当します。結婚の場合、初婚同士であれば、２人だけの戸籍が新たに作られるため「入籍」には当たりません。再婚時など自分の戸籍をすでに持っている場合は、配偶者が「入籍」する結婚もあり得ますが、結婚イコール入籍ではありません。

明治民法下の結婚の多くは、夫の家に入ってその家の嫁になる形で、女性が「入籍」していました。個人の尊厳や男女平等という日本国憲法の理念に合わせて１９４７年に改正された現在の民法は、家制度を廃し、夫婦を対等な存在としています。

結婚を意味する「入籍」は、女性が抑圧されていた古い時代を引きずる表現だからこそ、批判されることがあるのです。

こうした制度に詳しい人は抵抗があるかもしれませんが、現在、「入籍」はしばしば「事実婚ではなく婚姻届を役所に出して法的に夫婦になる」という意味で使われています。

「三省堂現代新国語辞典」は２０１５年１月に出た第５版で、「入籍」の項に「俗に、婚姻届を役所に提出すること」と加えました。

法律上は「正しくない」表現が現実の社会生活で広く使われるのは、珍しいことではありません。校閲としては、引用以外で原稿に出てきたら「結婚する」などと直していますが、社会での使われ方をわきまえつつ正確に表現することの難しさに、頭を悩ませる日々です。

（上田明香）

「思惑」は思い惑う？

●「思うこと」が「もくろみ」に

政治や経済に関するかけひきの記事で、「思惑《おもわく》」という言葉をよく見かけます。もくろみ、あて、自分に都合のいい期待といった意味で使われますが、実は「惑」は当て字。辞書によると文語「思ふ」に、動詞などを名詞化する接尾辞「く」が付いた「思はく」という形が本来のものだそうです。「曰《いわ》く」「願わく（は）」なども同じ成り立ちです。

意味は元々「思うこと」全般でした。ただ「もくろみ」「あて」という意味の使い方は明治以前からあり、「おもはく違ひ」という井原西鶴《いはらさいかく》「好色五人女」（１６８６年）の文例が「日本国語大辞典」にあります。

朝日新聞紙面での使用例を調べたところ、明治期は現代の辞書でも示されている「相場の予想」の意味での使用が大半で、株や米などの市況の記事によく使われていました。１８８６（明治19）年１月19日付大阪１面では、堂島米市場の場況に「大手思わく筋より頻《しき》りに買立《かいたて》」とあります。1889年1月25日付東京1面には「投機商の思惑」との見出しで、憲法発布の祝典で使われる見込みのある提灯《ちょうちん》などの品物をしきりに買い入れていると書いています。

今と同じような使われ方では1899年3月に「自由党中一派の思惑」という見出しが登場します。山県有朋《やまがたありとも》内閣と提携する旧自由党の星亨《ほしとおる》の行動を評したもので、提携を維持して党勢の拡大を狙う星の思っている通りにはならないのではないかと予想しており、現在の政治記事と変わらない使い方です。

国立国語研究所の山田貞雄《やまださだお》さんによると、明治になって「思はく」が市況などの記事の中で「思わく」と記されるようになり、さらに「誘惑」「困惑」などの熟語もあることから「惑」の字が出てきたのではないか、ということです。今では「思惑」という熟語としての印象が定着しています。

（大堀泉）

「希望を与える」は失礼？

●「やりもらい表現」で生じやすいこと

スポーツ選手や芸能人が「みなさんに希望を与えられるよう頑張りたい」などと言うのは、上から見下ろしているようで変では？という疑問を、複数の読者から頂きました。

「与える」を使ったこのような表現を、東日本大震災以降、よく耳にするとの指摘です。最近では日本代表選手が熊本地震の被災地を思い、「自分の柔道で地元に元気を与えたい」と語ったと朝日新聞で報じられました。

「与える」――基本的には、自分の所有物を他人に渡し、その人の物とすることです。その上で例えば「日本国語大辞典」は「現在では、上の者から下の者へ授ける場合にいう。やる。さずける」、「大辞泉」は「恩恵的な意味で目下の者に授ける場合に多く用いる」といった説明を加えています。確かに「与える」人の方が偉そうです。

一方で「大辞泉」は「相手に、ある気持ち・感じなどをもたせる」の意味も載せ、その用例として「感銘を与える」「いい印象を与える」を挙げます。与えるものが物品や恩恵ではない、希望や元気などの場合、こちらが当てはまるようです。

関西大の森勇太《もりゆうた》准教授（日本語学）は、こうした「やりもらい表現」は与え手の厚意により受け手が利益を得る意味で上下関係の語感を生じやすく、それは「与える」に限らないといいます。生徒が先生に「この本を差し上げます」と言うのも上下が逆転するので不適切とする考え方さえあるそうです。

最近の「声」欄（朝日新聞の読者投稿欄）に、囲碁の井山裕太《いやまゆうた》名人が七冠独占を達成した際、熊本地震の被災者を気遣って「少しでもいいニュースとして受け取っていただけたらうれしい」と語ったのが「心にしみわたる」とした投書が載りました。「よく聞く『勇気を与えたい』に上から目線のつもりはないのでしょうが、それに比べると……」ということでした。なるほど、と感じ入りました。

（板垣茂）

「よむ」ということ

●行間も、風も、心も、腹も、空気も

「空気を読んでいては、空気は変わらないんです」

これは、安全保障法制に反対する学者らが２０１５年10月に開いたシンポジウムでの、ある大学生の発言です。

10年ほど前には「ＫＹ（空気が読めない）」という女子高生言葉がはやりました。見えない空気を「読む」とは不思議なことです。その場の雰囲気や状況を察しようとするときに使われる「読む」。「よむ」とはそもそもどういう意味でしょうか。

まず頭に浮かぶのは、語句や文章をたどって理解する、あるいは声に出して表すことだと思いますが、「広辞苑」に最初にあがっている意味は「数をかぞえる」でこれが原義です。「秒読み」「票を読む」「鯖《さば》を読む」の表現に残っています。

外に現れたもの、内に秘められたものの意味を探るのも「よむ」ことです。隠された真意をくみとり「行間を読む」。世の動きを見定め「風を読む」。身近な人を思い

「心を読む」。心の奥を見通し「腹を読む」。そして空気も読むのです。

詩人の高橋睦郎《たかはしむつお》さんは随筆集「よむ、詠む、読む」のなかで、「よむ」は音のつながりから「呼ぶ」に通じ「声に出して引き寄せることだった」と言います。また江戸の歌人良寛《りょうかん》がよく古典を読み、よく子供たちを歌に詠んだことを引き、「古典が過去なら子供は未来」「読むと詠むとは、過去と未来を繫《つな》ぐこと」と言っています。

書かれたものを読むことが来し方を呼び出し、それを理解することで行く末の展望へ橋をかけるということなのでしょう。

さてもうすぐ冬至。今年も秒読みに入ります。暦は人事に関わりなく移りゆきます。「こよみ」とは「日《か》読み」で「読み」は数えることの意と「日本国語大辞典」にあります。日一日、日めくり暦を繰るようにして迎える年は、その場限りの空気を読むだけでなく、時代を読み誤らぬ一年にしたいものです。

（池田博之）

「ご苦労様」と「お疲れ様」

●上司にはどちらがふさわしい？

上司には「お疲れ様」を使うべきなのに「ご苦労様」と言う失礼な人を見かける——こんなメールが読者から届きました。私たちが普段よく使うこの二つの言葉について、社会言語学が専門の中央学院大非常勤講師・倉持益子《くらもちますこ》さんに聞きました。

昭和初期から2010年までのマナー本など200冊を材料に、使われ方の変遷を調べた倉持さんによると、70年代に「ご苦労様は部下へのねぎらい」という記述が現れ、80年代に増加。90年代には「上司にはご苦労様よりも、お疲れ様がふさわしい」となり、00年代には完全に「ご苦労様は目上には失礼だ」と変化してきたそうです。

文化庁による05年度の「国語に関する世論調査」でも、約7割が「目上にはお疲れ様を使う」と答えています。確かに現代の常識はメールのご意見の通りなのです。

一方で、倉持さんによると、江戸時代は上下に関係なく「ご苦労」という言葉を使っていたのだそうです。現代の辞書でも「広辞苑」は「他人の苦労を敬っていう語」

とするだけで、上下関係には触れていません。

かと思えば、日本語について多くの著書を残した評論家の奥山益朗《おくやまますろう》さんは「ご苦労様もお疲れ様も目上に対しては使いにくい」と「あいさつ語辞典」（70年）に書いています。

最近ではある大物芸能人が「お疲れ様というのは元来、目上の者が目下に言う言葉。子役が『お疲れ様』と言って回らないようにさせるべきだ」とまで言って話題になりました。

このように、「ご苦労様・お疲れ様」は時代によって使われ方が異なり、また人によって感じ方も違います。他に適当な言い方も見当たりません。

新入社員の中には「上司がどう感じるのか不安であいさつするのが怖い」とこぼす人がいるとも聞きます。相手とコミュニケーションを重ねながら選んでいく言葉なのかもしれません。

（加藤順子）

すしの1かんは、一つ？ 二つ？

●戦時中の物資不足が影響？

すし屋で「中トロ1かん」と聞いて、一つと二つ、どちらを思い浮かべますか。「広辞苑」で「かん」を引くと、「多くカンと表記。『貫』『巻』とも書く」とあり、「一個ずつあるいは二個一組にいう」としています。語源は様々な本で諸説ありとされ、はっきりしません。

では、表す数が一つだったり二つだったりするのは、なぜなのでしょうか。東京・築地市場にある「大和《だいわ》寿司」の主人、入野《いりの》成広《しげひろ》さん（48）は「多くのすし屋で1かんは一つ。昔はどうして二つ出さないんだ、というお客さんもいた。間違えてはいけないので、1かんではなく1個、一つと言っている」と話します。

すし職人を育てる「東京すしアカデミー」の客員講師、松下《まつした》良一《よしかず》さん（69）は「理由はよくわからない」と言いつつ、謎を解く手がかりとして、すしの歴史を教えてくれました。

握りずしは19世紀初めに江戸で完成されました。「かん」がいつから使われていたかは定かではありませんが、大正ごろには1人前を「5かんチャンチキ」と言ったそうです。握り五つと、太鼓のバチ（チャンチキ）に見立てて交差させた細巻きふた切れの盛り付けでした。

戦時色が濃くなると、物資不足で県ごとにすしの大きさや価格が統制され、握り一つが小さく、使える魚の種類も限られることになりました。「このころから同じネタを二つ出すようになったのでは」と松下さんは推測します。こうした経緯で「1かん」で二つを指すようになったのだと思われます。

回転ずしでは多くが1皿に二つのっていますが、大手の「スシロー」では1かんは一つを指すそうです。

二つと思って頼んだら、一つしか出てこなくてがっかり、なんて思いをしないよう、迷ったときはお店の人に尋ねた方がいいかもしれません。

（野村ひとみ）

「コーヒーになります」と言われて

●「バイト敬語」あれこれ

「こちら、コーヒーになります」。飲食店で注文品を持って来た店員から、こんなふうに言われたことはありませんか？

当欄には、「目の前に置かれた物がこれからコーヒーに変わるようだ」といった違和感を訴える読者の声が多く届きます。

辞書を見ると、三省堂国語辞典は動詞「なる」の「あたる。相当する」の意味の使用例に「コーヒーになります」を挙げています。一方、岩波国語辞典は「1980年ごろから広まった俗用」とし、明鏡国語辞典は「きつねうどんを注文した客にきつねうどんを出すような、他の可能性が考えにくい場合には不自然になる」と説明します。

岐阜大学の洞澤伸《ほらさわしん》教授（言語学）はこうした言い回しを「バイト敬語」と呼びます。「コンビニ敬語」「ファミレス敬語」とも言われますが、主にアルバイトの若者たちが接客業全般で使っているからだそうです。「です」と断定するのは強すぎ、「ございます」だとかしこまりすぎと感じるのでその間を狙っている、と分析します。

「レシートのほうはよろしかったでしょうか」「千円からお預かりします」という表現も同類です。店の指導ではなく「先輩や仲間が使っている」「よく耳にする」から使うとのこと。業務が無難にこなせる便利な表現と考えられているようです。

「……のほう」「千円から」は、国語に関する世論調査（文化庁）で96年度から3回取り上げられ、「気になる」と答えた人の割合が増え続けています。最新の2013年度ではそれぞれ6割超、5割超に。ロイヤルホストは03年から一定期間、バイト敬語を「禁止語」として店内に掲示していました。

ただ、テレビでは「テーマはこちらになります」、駅では「1番線に参りますのは東京行きとなります」とも聞くという読者の指摘もあります。世代や場所に限定されない新しい丁寧な表現として定着しつつあるのかもしれません。

（板垣茂）

緑色なのになぜ「青信号」？

●青に「進め」の意味？

「緑色なのになぜ青信号というの？」。子どもから質問されてから気になっているというメールをいただきました。

道路の交通信号は国際ルールで赤・黄・緑に決められており、これは多くの人が一度は持つ疑問。朝日新聞でも何度か記事にしていますし、取り上げた本もいくつか出ています。

それらによると次のような説が有力のようです。古くは日本語で色を表す言葉は「赤、青、白、黒」だけでした。赤と青が示す範囲は広く、緑色は青と表現される範囲に含まれていたらしいのです。

加えて、日本語の歴史を研究する筑波大学の小松英雄《こまつひでお》・名誉教授は、著書「日本語の歴史　青信号はなぜアオなのか」で、青信号という言葉は対になっている赤信号とセットで捉えることが重要だと指摘します。

日本語では、赤と青は鉛筆やカエル、鬼など様々なものでセットになっています。近代的なシステムである交通信号の命名も、日本の色名の伝統的な体系に基づいており、「青信号は日本語として自然な命名だ」と小松さんは述べています。

青という言葉が持つ隠喩《いんゆ》の側面に着目する説を唱える外国人の学者もいます。青二才、青リンゴなど、青は未熟や若いという意味と結びついています。そこから、日本人が青と言う時は「はじまり、開始」の意味合いが込められているのではないか、というのです。信号に名前を付ける際、色そのものよりも「進め」という意味を重んじたのでは、という主張です。

この説を論文で紹介した大阪府立大学の小倉慶郎《おぐらよしろう》教授は、留学生からも青と緑の使い分けについて質問されたことがあると言います。英語などでも、ある色が何かの意味の隠喩となっている例があり、「この説なら理解してもらえるのではないか」としています。

青信号の謎。素朴な疑問ですが、答えは難しいようです。

（小汀一郎）

「早急」は、さっきゅう？　そうきゅう？

●「さっ」派、「そう」派、両者に軍配

「早急」の読み方は「さっきゅう」が正しいのに、「そうきゅう」と言う人が増えた、とのメールが何通か届きました。

「早」を「さっ」と読むのはなぜでしょうか。日本語では、音読みの末尾が歴史的仮名遣いで「ふ」となる漢字が、tやkなどの音で始まる字の直前に来る時、つまる音になることが多いという法則があります。例えば、納（なふ）＋得（とく）は「なっとく」となります。

「早」は歴史的仮名遣いでは「さう」なので、本来ならこの法則は当てはまりません。NHK放送文化研究所の塩田雄大《しおだたけひろ》主任研究員は「早の読みを『さふ』とする類推や誤解から、『さっ』の読みが広まったのではないか」と見ています。

1603年刊行で当時の日本語の発音を知ることができる「日葡辞書《にっぽ》」を見ると、「早急」はありませんが、「早速」が「さっそく」と「そうそく」の両方の読みで載っ

ています。４００年前に「さっ」と「そう」が併存していたことが分かります。「早急」の読み方に関する議論も、昔からありました。塩田さんによると、戦前の１９３５年に既に「そうきゅう」がＮＨＫ内で検討されているそうです。この時は却下されましたが、世間では「そう」派も相当数いたと考えられます。

さらに戦後、一般を対象とした60年代～２０１１年の複数の調査では、いずれも「そう」派が6～7割を占めます。ＮＨＫも91年以降、「そうきゅう」を認めるようになりました。

一方、同じ調査で「さっ」派は毎回2～3割。普通なら少数派は淘汰《とうた》されるはずですが、根強い支持を得ています。その一因として塩田さんは「『さっ』という音の響きが、いかにも物事をさっさとやる印象を与えるからでは」と指摘します。

双方に歴史や親しみがあり、「どちらが誤りとは言えない」と塩田さん。両者に軍配、といったところでしょうか。

（広瀬集）

「○○させていただく」の多用

●配慮の気持ちの安売り？

職場の歓送迎会や地域の会合など、人前で何か話をすることになった時、「お話しします」と言えば十分なのに「お話しさせていただきます」と、つい言ってしまいませんか。

これは一例ですが、こうした「○○させていただく」表現について、多くのご意見をいただいています。「冗長で押しつけがましい」など、ほとんどが批判的なものです。

国語辞典は、相手の許しを得て行う自分の動作を謙遜する時に使われる、としています。戦後、一般に広がったと説明しているものもあります。

元来の使い方について、敬語に詳しい東京外国語大名誉教授の井上史雄《いのうえふみお》さんは「業務上のやりとりなど一時的な場面で、自分と身分的な違いがない相手への敬意を表すのに用いられた表現だった」と言います。

ところが戦後、人間関係が流動的になって、使われることが増えてきました。相手の許可が不要な場面や、自分の一方的な行為についてさえも、頻繁に使われるようになりました。

その理由には、この言葉が持つ便利さがあるようです。動詞にくっつけるだけで、場面を問わずに「相手に失礼のないよう私は配慮している」ということを、あらかじめ示せるからです。文法上、どんな動詞の後ろでも使える点も、重宝された理由の一つだそうです。

それではこの表現に抵抗を感じる人がいるのは、なぜなのでしょうか。井上さんによると、敬語は知識や情報を伝えるのではなく、対人関係での配慮の気持ちを示すために使われます。人間関係は時代により変わりやすく、それに合わせて望ましいとされる表現も変化します。

一方で、人が一度身につけた正しい敬語についての感覚は変わりにくいもの。「させていただく」という表現が多用される現状に違和感を抱く人がいるのも、そうした事情によると言えそうです。

（市原俊介）

敵と「相性がいい」とは？

●なぜか勝ちやすい相手

スポーツ記事での「相性」という言葉の使われ方に戸惑うことがある、とのお便りを頂きました。例えばテニスで「錦織圭《にしこりけい》選手は今日の対戦相手と相性がいい」というような記事。「錦織選手が勝ちそうだ」という解釈でいいのかとの質問でした。

「相性がいい」は、普通は人と人の性格などが合うことを表します。「敵なのに気が合う」とも読めてしまう点に戸惑いの理由があるようです。

テニスは様々な「相性」が注目される競技です。選手の感覚や過去の戦績から、芝や赤土などコートとの相性、大会との相性、ダブルスを組むパートナーとの相性、そして対戦相手との「相性」が、勝負を左右する要素の一つとして語られます。格上の相手でもプレースタイルによっては勝ちやすく、苦手意識がないような場合に「あの選手とは相性がいい」と表現しているのです。

国語辞典にはあまり載っていない用法ですが、慣用表現などをまとめた１９９２年刊行の「成語林」は、「勝負事などで、その相手とするときにはなぜかいつも勝つ」との説明も載せています。朝日新聞の紙面でも、90年代初めごろからテニスや相撲の記事で使われてきたようです。

辞書で「相性」を引くと、男女の例を最初に挙げているものが目立ちます。特に縁組で重視された時代もあったようで、「世界大百科事典」（平凡社）によると、性格や容姿の相性のほか、五行《ごぎょう》説や干支《えと》などを生まれ年と組み合わせた相性判断が江戸時代に広まったのだとか。

「成語林」によると縁組で言われる「相性」は五行説の「相生《そうじょう》」「相克《そうこく》」に基づくもので、前者は「たがいに助けあうよい関係」、後者は「たがいに背を向けてきずつけあう悪い関係」を言います。科学的根拠のない占いに過ぎませんが、意中の人との仲を占うほかにも、縁談を断る口実に使われたのでは――と想像が膨らみます。

（細川なるみ）

食用昆虫は生産？　養殖？

●世界の20億人が食べている

みなさんは「食用昆虫」と聞いて、どんなものを思い浮かべるでしょうか。

長野県などで昔から食されてきたイナゴや蜂の子、あるいは海外で味わった見慣れぬ虫料理を思い出すという方もいるかもしれません。国連食糧農業機関（ＦＡＯ）によると、世界の20億人が１９００種以上の昆虫を食べているそうです。

読者から質問をいただきました。「食用昆虫を人工的に育てるというネット記事を見たそうです。『昆虫を『生産』する、という表現にちょっと引っかかりました。検索してみると、昆虫『栽培』装置という言葉も出てきました。『養殖』『飼育』なども考えられますが、食用昆虫にはどれが一番ふさわしい表現なのでしょうか？」（川崎市、65歳男性）

朝日新聞の過去の記事を調べてみましたが、食用昆虫を育てることに焦点を当てた記事は数本でした。校閲センターのベテラン数人に聞いてみると、おおむね次のような意見でした。

農水産物のように昆虫を食料として見るなら「生産」と言えるでしょう。「養殖」は魚介類などを育てる時に使いますが、食用昆虫にも使えそうです。また、「飼育」は観賞用に育てる場合なども含めて幅広く使うことができます。ただし、「栽培」についてては植物などに使うのが一般的で、食用昆虫に用いるのは違和感があります。

食用のフタホシコオロギの量産技術を２０１６年から研究する徳島大大学院の三戸《みと》太郎《たろう》准教授は「養殖や生産という言葉は研究でもよく使うが、栽培は聞いたことがない」と話しています。

食用昆虫が注目されたきっかけの一つは、ＦＡＯが２０１３年、食用昆虫の高い栄養価や生産効率の良さを挙げ、食糧危機の解決策として期待する報告書を出したことです。比較的新しい話題ゆえ、「昆虫の生産」と言われても耳慣れないと感じるのも当然かもしれません。

（河原一郎）

身内が「亡くなる」にためらい？

●自分の子に物を「やる」と言わずに「あげる」

身内の「死」を他人に伝える際に「亡くなる」と言うのをよく聞くが、私はためらいを感じる——。読者からそんなご意見をいただきました。

筆者も2017年初めに身内を見送った際、尊敬語のように感じたので「他界しました」「息を引き取りました」を使いました。

「亡くなる」は、広辞苑によると「人が死ぬことを婉曲《えんきょく》にいう語」。自分自身のことには使いませんが、身内なら誤用とは言えないはずです。なのに、違和感も確かにあります。

人が死ぬことを示す表現は、あの世に行く、息が絶える、往生する、お隠れになる、帰らぬ人となる、逝去する、天に召されるなど、たくさんあります。新聞記事では「死亡する」「死去する」が多く使われます。

「日本語　語感の辞典」（中村明《なかむらあきら》著）は、「死ぬ」は最も一般的な日常語で明確な直接表現で、露骨な感じを避けるために「なくなる」や「永眠する」など様々な間接表現が使われてきたと説明します。ただ、そうした婉曲表現も使われるうちに死の意味と直結するようになり、また新たな間接表現を次々生み出してきた、とのことです。

身内の死を「亡くなる」と言うことについて、関西大文学部の森勇太《もりゆうた》准教授（日本語学）は「死の直接的な表現を避けたもので、私は違和感がない」と話します。江戸時代にも「親父が死去《なくなり》ました」と振り仮名が付いた文学作品があるそうです。

同様に、身内に関して第三者の立場に立ったように言う表現には、自身の夫や妻に「さん」付けして「旦那さん」「奥さん」と呼ぶ例などもあります。自身の子に物を「やる」と言わずに「あげる」と謙譲語を使う表現も、よく耳にします。

これらも違和感を指摘されますが、森准教授は「言葉が気軽に使われる中で、本来の意味より会話相手との一体感を重視して選ぼうという意識が反映しているのでは」とみています。

（田中孝義）

まちを「編集」

●若い世代がアップデート

「編集」といえば、「資料をある方針・目的のもとに集め、書物・雑誌・新聞などの形に整えること」（広辞苑）。好みの映像や音楽の編集を楽しむ人も多いでしょう。でも最近、新しい用法も目につきませんか。

朝日新聞では2015年の記事に「地域そのものを『編集』しようという思い」や「空間を編集する」が登場。街を歩けば「人生を編集する」手帳や、「地域の編集術」を特集する雑誌も。編集の対象は目に見えないものにどんどん広がり、とくにまちづくりや地域コミュニティー関連で増えているようです。

前述の特集が組まれた雑誌「ソトコト」（木楽舎）17年5月号では、情報誌やウェブサイトの制作に加えて、地域のイベントや食堂の運営といった活動も紹介されています。これも「編集」なのでしょうか。同誌の指出《さしで》一正《かずまさ》編集長に聞くと、「20、30代のスタッフから『編集』の実例として自然に挙がったもの。若い世代で、編集という言葉や行為が解放され、アップデートされている」といいます。

共通するのは、既存のものを新たな視点で組み合わせることで、地域の問題解決や、魅力の再発見、人と人の間の関係をより良くすることを目指すという考え。その手法や過程が「編集」と表現されるようです。

少し前には、似た意味で「デザイン」も広まりましたが、指出さんは特殊で専門的なイメージがある「デザイン」との違いをこう指摘します。「社会や文化に多様性が求められ、これからの地域やまちづくりの活動では幅広い年代や考えの人と一緒に何かを行うことが必須になる。ホームビデオや壁新聞の編集などで身近な『編集』は、老若男女の共通言語としてうってつけなのかもしれません」

モノがあふれる一方、人口減にも直面し、「ないものねだりよりも、あるもの探し」が大切になる時代にぴったりな言葉といえそうです。

（薬師知美）

地域や世代で違う「ほっこり」

●「落ち着く」から「疲れる」まで

何げなく使われることばに、対照的な意味が共にあることを知って興味をそそられました。

「今日は、ほっこりした」。福井県南部の病院に尋ねると、スタッフの一人が患者から聞いたと答えます。近ごろ「ほっこり」という表現を見聞きします。「現代用語の基礎知識」は2010〜13年版で取り上げ、「落ち着く」「温かい気持ちになる」と解説。柔らかな語感から癒やし系の意味を想像する人も多いのではないでしょうか。

その病院スタッフも同じように思ったそうです。苦痛や気分が「和らいだ」と受け取り、「よかったですね」と声をかけたところ、患者は首をかしげるばかりだった、と言います。

原因は「ほっこり」の意味にありました。「都道府県別　全国方言辞典」は、この地域のことばで「疲れる」を表すと説明。患者は疲れていたので「ほっこりした」と言ったようです。

地元では「体力のいる農作業や山仕事を終えた時」「会議が長引いても何も決まらなかった時」などに「ああ、ほっこりした」と口にするそうです。

なぜ「ほっこり」が疲れる意味になったのでしょう。京都学園大学の丸田博之《まるたひろし》教授（日本語史）は、福井県などで「大いに」という意味でも使われていたことに着目。「ほっこり疲れた」という表現が、後に続く語を省いた「ほっこり」だけで、「非常に疲れた」状態も表すようになった可能性を挙げます。

丸田さんが文献を調べると、上方では江戸後期に「疲れる」とほぼ同じ意味で使われていたと言います。さらに現代の一例として、京都市の女性（90）の話を紹介。「明治生まれの母親は『疲れる』意味で言っていた。自身は『疲れたが、ほっとする』、娘さん（58）は『ほっとする』意味で使うそうです」

どんな時に「ほっこり」を使うかは、地域や世代で違うようです。文脈や表情から、意味を読み取る必要がありそうです。

（佐藤司）

2

どう書く？　どう読む？迷ってしまうことば対策

ウエアラブルか、ウェアラブルか

●メーンはメインに

「ウェアラブル（身につけられる）端末」が話題です。ここ数年、紙面でよく目にするようになりましたが、2014年までの表記は「ウエアラブル」でした。ウイーク、ウエディング、ウオーター。これらウィ・ウェ・ウォと発音する英語から来た語を、皆さんはどう書きますか？

国は1991年、外来語表記の目安を内閣告示で定めました。そこでは「ウイ・ウエ・ウオ」を基本とし、地名や人名などで外国語の音に近く書き表す場合は「ウィ・ウェ・ウォ」も使うとしています。

朝日新聞は国の目安も参考にルールを設け、紙面の表記を統一しています。2014年11月、そのルールを変更しました。地名や人名以外でも「ウィ・ウェ・ウォ」を原則にしたのです。

外国語、特に英語へのなじみが増し、原音を意識した表記を世の中で多く見るようになりました。ウィンターやウォッチなどは小さく書く例が増えています。ウェブ、アウェーなど新語は当初から小さく書かれます。

新聞も、このような変化を取り入れた方が違和感なく読めると判断しました。ただ、キウイやウイスキーなど大きく書くのが一般的な語は例外的に従来通りとしました。

併せて、二重母音「エイ・オウ」の表記も、原則長音符号「ー」だったのを、慣用をふまえて見直しました。メーンやテークアウトはメインやテイクアウトに変え、メーカーやコートは長音のままとしました。

さて、表記変更以降、読者の方からの問い合わせはほとんどありません。気づかれず残念？ いえ、むしろほっとしています。多くの方が自然に受け入れてくれている証しだからです。

新聞の使命は情報を届けること。表記で違和感を与えては、それを阻害してしまいます。外来語を含む記事がすんなり読めるよう、表記方法だけでなく、日本語による意味の併記や補足説明にも心を配りたいと思います。

（柳沢敦子）

バイオリンか、ヴァイオリンか

●ウイスキーとウィンドー

朝日新聞が外来語表記のルールを改めた、という本欄の記事（前項）に対して、約50件の意見や感想が寄せられました。「ウイ・ウエ・ウオ」と書いていたのを「ウィ・ウェ・ウォ」に変えたことなどの紹介でしたが、英語の早期教育を巡る議論も交わされる昨今、外来語への関心の高さを感じました。

意見には、「『バイオリン』を『ヴァイオリン』と書くなど原音にどんどん近づけてほしい」との声や、「原音通りのカタカナ表記はどのみち不可能だ」との指摘がありました。

外来語とは、外国語を翻訳せずにその音を日本語として取り入れたもの。通常は原音に近いカタカナで書き表されますが、あくまでも日本語であって、外国語そのものではありません。

例えばviolinは、原音を意識するなら「ヴァイオリン」となるでしょう。しかし外来語としては「v」ではなく「b」の音で発音されることが多く、「バイオリン」の表記が一般的であるため、新聞では今のところそのように書くことにしています。

一方、「ウィ・ウェ・ウォ」は、「ウィンドー」「ウォーター」などの表記へのなじみが増していると考え、導入を決めました。ウイスキーなどは従来通りの表記が浸透しているとみて、例外的にそのままとしました。

特に明治以降、日本語には多くの外来語が流入しました。なかにはテレビやラジオのように、今さら原音に近づけるのは難しい言葉も少なくありません。スティック／ステッキ、トラック／トロッコなど、同じ語に由来しながら使い分けられているものさえあり、外来語表記は複雑です。

これからも、外国語を取り入れ、それをカタカナで表記することは続くでしょう。外国語に接する機会も増え、日本人の外国語の音に対する感覚も変わっていくと予想されます。外来語の表記に対するなじみや発音の変化を踏まえ、新聞としての適正な表記ルールを決めていきたいと考えます。

（田島恵介）

ダブルを表す「W」は正しい?

●「Wる」で「二人連れ」の例も

大阪府知事・市長ダブル選の時、テレビや雑誌が「W選」と書くのをよく目にしました。他にも「W受賞」「W効果」、トイレットペーパーの2枚重ねの「W」など、「二重」の意味の「W」はよく見ます。この書き方は正しいのか、との質問をいただきました。

そもそも英語のWは「ダブリュー」ですから、発音からして違います。国語辞典も15冊ほど見ましたが、触れているのは3冊。「ダブリュー」の項の後ろの方に「音をもじってダブルの略」と書かれたり、「ダブル」の項で「俗に『W』と書く」とあったりする程度でした。

では、いつごろから使われているのでしょう。漫才コンビ・Wけんじは1961年結成とのこと。当然それより前です。

ちょっと変わった表記法を集めた笹原宏之《ささはらひろゆき》・早稲田大学教授の「当て字・当て読み

漢字表現辞典」に、「Wるで来る」という32（昭和7）年の用例がありました。通俗的な読み物雑誌で隠語を紹介する欄で使われていました。「Wる」とは妙な書き方ですが、「二人連れ」の意味です。

大正初期には「二重」の意味の「ダブル」、昭和初期には重なるという意味の「ダブる」が使われたことが、「日本国語大辞典」に載っています。

「W」は見た通り「V」二つでできています。英語の「ダブリュー」は「ダブル＋ユー」。中世まで英語ではVとUは区別なく書かれており、今の字形でダブリューと発音するようになったのです。このようにWの文字自身に「二重」の意味を含んでいるのも、「W」と書きたくなる一因なのでしょう。

笹原教授は「日本人は、外来の文字を受け入れて多様性を楽しむ傾向があり、さらにそれらの文字の形に意味を持たせることを好みます」と言います。当て字の一種と言える書き方ですが、日本語の表記の幅広さの表れと言えそうです。

（坂井則之）

「改」の字の3画目は止め？　はね？

●漢字は柔軟。いろいろな書き方がある

「改」という字の3画目は、止める形とはねる形とどちらが正しいのか、という質問が届きました。はねるものだと思っていたが、お子さんが小学校で習った字は止める形なので驚いたそうです。

「改」は小4で習う字です。小学校で習う漢字は、国の学習指導要領で「学年別漢字配当表に示す漢字の字体を標準とする」と定められています。

その配当表では、3画目の終わりは「止め」（図左）。小学校では止める形が標準として教えられていることになります。

ただ、学習指導要領には「解説」があり、「『標準』とは、字体に対する一つの手掛かりを示すものであり、これ以外を誤りとするものではない」としており、活字のデザイン上の差異や手書きの楷書《かいしょ》との違いにも配慮するように述べています。

一般の社会生活における漢字使用の目安を示す「常用漢字表」でも、「いろいろな

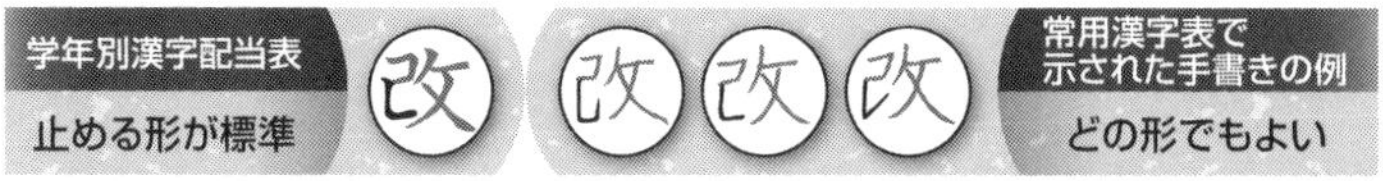

書き方があるもの」として「改」の字を挙げています（図右）。つまり、止めてもはねてもいい、が正解なのです。しかし、文化庁の「国語に関する世論調査」（２０１５年9月発表）では「はねる派」「止める派」がともに4割前後で、どちらも適切だと感じる割合は14・５％のみでした。

漢字教育に詳しい奈良教育大の棚橋尚子《たなはしひさこ》教授は「学校では止めやはねといった細部が問題にされがちだが、本来漢字は細部まで厳密な形が決まっているものではない。正誤の判断は柔軟にして漢字を使う力の育成に重点をおくべきだ」と指摘します。棚橋さんが委員を務める文化審議会国語分科会では現在、認められる字形のあり方について議論を進めており、指針をまとめる予定です。

（竹下円）

◇

（注）「指針」は２０１６年2月にまとまり、「常用漢字表の字体・字形に関する指針　文化審議会国語分科会報告（平成28年２月29日）」（三省堂）として書籍化されています。

付属か附属か、混用されつづけて

●「附」は生き残った

入試シーズンは、学校名に付く「付属」という言葉を紙面で見る機会が増えます。一方、街なかでは「附属」との表記も見ます。筆者は「附属」校出身の友人へのメールに「付属」と書いて「間違っている」と言われたことがあります。どう違うのでしょう。

「付」と「附」はもともと別の字です。漢和辞典では「附」は「つく・つける」で「附加」などを挙げています。「付」は「給付」など「さずける・託する」の意味。ですが、その後に「つける。附に通ず」として中国での古い例が出ています。昔から混用されていたわけです。

終戦後の1946年、使う漢字の範囲として「当用漢字表」を決める時、この二つのうち、「付」だけにして「附」は外す考えもありました。しかし、日本国憲法の条文に「附する」があり、憲法にある字は全部入れる方針から両方が入りました。

その後「この字もないと不便だ」といった要望が出て、54年、「補正資料」が作られました。28字削って同数を加え、総数1850字のまま調整しようとしたもので、「附」は削られる方の候補に入っていました。

文化庁国語課の武田康宏《たけだやすひろ》・国語調査官によると、このころ公用文で「附」を使わないようにする方針が確かにあったそうです。しかし補正資料は案にとどまり、当用漢字表が「常用漢字表」となって改定を経た今も「附」は残り、法律の「附則」などで使われています。

新聞では、54年の案を受けて「付属」にそろえ、今に至っています。一般的にも、名称ではなく「付き従っている」という意味の場合は、「付属」が広く使われています。

学校名などを見ると、国公立は「附属」、私立は両方あるようです。都内のある私立校は大学の併設になった53年からずっと「付属」とのことです。武田さんは「どちらを使っても誤りではない」と話しています。

（坂井則之）

ひなんしょ？　ひなんじょ？

●どちらの読み方にも理由がある

「避難所」の読みは「ひなんしょ」か「ひなんじょ」か。読者から質問が届きました。濁らないのは主に西日本、濁るのは東日本では、とのご意見です。

東西での発音の違いは確かにあり、「研究所」「停留所」などの「所」も、西は濁らず東は濁る傾向があるとされます。

NHKは、「避難所」の読みの清濁を両方認めています。ただ、NHK放送文化研究所のサイトにある「ことばウラ・オモテ」には、阪神淡路大震災のとき、「じょ」が便所を連想させ「汚く聞こえる」との声が被災地の住民からあがり、放送で「しょ」と発音したと書いてあります。

「じょ」と読むのを避けたくなる理由には、濁音が与える負の印象がありそうです。「ごうごう」「だらだら」といった擬音・擬態語や、「ずる」「どじ」など良くない意味の言葉によく使われ、不快感をもたらしがちです。

しかし、「ひなんじょ」とするのにも理由があります。一つは「ん」などの直後の音が濁る「連声濁《れんじょうだく》」が関係している可能性があるからです。「ひなんじょ」も「ん」の後です。ただ、「観測所《じょ》」のように「所」の前が次を濁らせる音ではないのに「じょ」になることが多い例もあります。

「所」には古くから、「公文所《くもんじょ》」「御学問所《おがくもんじょ》」などの連声濁がみられます。これらに影響され、現代でも「所」が濁ることが多いのかもしれません。

もう一つ考えられる理由が、「連濁《れんだく》」です。「くさばな」など、日本でできた和語が二つ以上合わさると後ろの語の頭が濁る現象で、漢語などの外来語には起こりません。ただし例外もあり、漢語を合わせた「避難所《じょ》」「観測所《じょ》」などは例外で濁る、とも解釈できます。

とはいえ、古語と違って現代語は連声濁が起きないこともあり、「ひなんしょ」も今では自然な発音です。「ひなんしょ」も「ひなんじょ」も、それぞれ理屈が立つと言えそうです。

（田島恵介）

「準」か「准」か悩ましい

●おじいさんか、おじさんか

「高齢者は75歳以上」とする日本老年学会と日本老年医学会の提言が２０１７年１月、発表されました。このなかで「65～74歳は准高齢者」との区分も示されました。なぜ「准」なのでしょう。

「高齢者に準じるという意味なら『準高齢者』が素直な表記ではないか」。校閲センター内でこんな意見が出ました。

提言によれば、「高齢者、特に前期高齢者（65～74歳）の人々は、まだまだ若く活動的な人が多く」「65歳以上を高齢者とすることに否定的な意見が強くなっている」などとして、前期高齢者を「高齢者の準備期」と位置づけ、「准高齢者」と名付けたといいます。

「准」も「準」も「ジュン」と発音し、意味は「なぞらえる」「次ぐ」などほぼ同じ。常用漢字表にも両方が掲げられ別字のように扱われていますが、「大漢和辞典」

などいくつかの漢和辞典を見ると、本来は、「准」は「準」の俗字です。

朝日新聞の用語取り決め集ではこれらの使い分けに関して、「准」には「意味は準と同じ。地位・資格に多く使われる」との解説を付けています。

一般的な用例を見てみます。「準」は準会員、準公務員、準決勝、準優勝、準急など広い分野で使われる一方、「准」は准尉、准士官、准将、准教授、准看護師などや限定的です。

提言メンバーの一人、日本老年医学会理事長の楽木《らくぎ》宏実《ひろみ》・大阪大大学院教授（老年・総合内科学）は「『准』は准教授など私たちの世界でなじみがあり、ワーキンググループの中で反対はありませんでした」。准高齢者を英語で表すと「pre-old」で、「高齢期前期ではなく、高齢になる前の段階」という思いで命名したそうです。

「准」か「準」かも気になりますが、この世代の人を「おじいさん」「おばあさん」と呼ぶか「おじさん」「おばさん」と呼ぶか、元気で若々しい人が多いだけに悩ましいですね。

（奈良岡勉）

「マイナンバー」というネーミング

●「マイ」に歴史あり

２０１５年10月以降、マイナンバーが通知されました。日本で「マイ○○」という言い方が始まったのは、かなり昔のことのようです。１９１２年の「日用舶来語便覧」には、「ユア」という項はないのに「マイ」はあり、「私の。私の何々という如《ごと》く、形容詞に用いられる」と載せています。

朝日新聞紙面で調べると、60年代前半以降、マイホームとマイカーが盛んに使われ出します。60年代後半からのボウリングブームでは、マイボールやマイシューズが登場。97年の流行語大賞で入賞したマイブーム、２０００年前後にはマイ箸と続きます。カラオケ用のマイマイクなどというのもありました。

「和製英語事典」の共著者、亀田尚己《かめだなおき》・同志社大名誉教授は、「マイ」には、借り物ではない自分専用のもの、という意味を強める便利な働きがあるのではないかとみます。

また、マイカーなどは「マイ」と言いながら「家庭の・家族の」という意味合いも含んでいましたが、差別化志向の強まりで、「私個人の」という意味へと重心が移っているのではないかとも話します。

話をマイナンバーに戻すと、「私個人の」という意味の「マイ」がついた名前にすることには、異論も出たようです。名称を決める有識者会議に参加した金田一秀穂《きんだいちひでほ》・杏林大教授は、外来語は避け、公の場だけで使われるのであれば「公用番号」などとしてはどうか、と提案したそうです。

たしかにマイナンバーには、一人に一つという私的な面だけでなく、社会保障や税の管理に使われる公的な面もあります。

これまで生まれてきたさまざまな「マイ○○」のように、人々が親しみ、愛着をもつ存在になるかは、心配される情報流出などの問題が今後起こらずに使われるかにかかっているのではないでしょうか。

（大月良平）

英語で自己紹介するとき

●「姓—名」か「名—姓」か

Yamada Taro か Taro Yamada か——。英語で自己紹介をするとき、どちらを選びますか。

中学校では、２００２年度からすべての教科書で「姓—名」中心の表記になりました。注釈で「名—姓」の表記に触れる教科書もありますが、いまの中学生は基本的に Yamada Taro と習っています。

文部省が最初に英語の教科書をつくった１８８９年、日本人の名前は「姓—名」の順で表記されていました。和歌山大学の江利川春雄《えりかわはるお》教授の調査によれば、教材の中に「名—姓」の表記が現れ始めたのは１９０４年ごろ。その後、徐々に主流となったようです。

この表記を見直す教科書が増えたのは、90年代のことです。江利川教授は、その背景に「90年代～２０００年代の、民族それぞれの文化を尊重する世界的な流れがある」といいます。国連総会では92年、「少数者の権利宣言」が採択されます。00年には、国語審議会が「日本人の姓名については、ローマ字表記においても『姓―名』の順とすることが望ましい」との答申を出しました。

答申はまた、誤解を防ぐ工夫として、名前を書く際に①YAMADA Taroのように姓をすべて大文字にする②Yamada, Taroのように姓と名のあいだにコンマを打つ、といった例を示しています。

一方、英会話学校Gabaで9年間講師を務める英国人のバーナビー・アルガーさんによると、現在でもほとんどの生徒が「名―姓」で自己紹介をするそうです。「Taro Yamadaと言った方がナチュラルな印象です。親しい雰囲気をつくりたいのであれば、相手の文化にあわせた方がいいのではないでしょうか」

相手のことばに合わせるか、日本語の文化を大事にするか。どちらも間違いではありませんが、名前の順番には話す人の姿勢が表れることを意識する必要がありそうです。

（森本類）

プレジデント、いつから「大統領」？

●「監督」の時期も、「大頭領」の時期も

2016年は4年に1度の米国大統領選。本選は11月に行われました。

大統領は、英語では「President」（プレジデント）。ラテン語の「前に座る（人）」が語源です。米国では1787年の憲法起草時に、行政府の長の名称としてこの名を初めて採用したとされます。

英和辞典を見ると、大統領のほかに、会社の社長や議会などの議長、大学の学長などの訳語が挙げられています。どのような経緯で、日本語では元首としてのプレジデントに、大統領という訳語を当てるようになったのでしょうか。

1853年にペリーがいまの神奈川県浦賀に来航した時、日本側は発音そのままに「伯理璽天徳《プレジデント》」と表記したことが史料に残っています。翌年結ばれた日米和親条約には「合衆国主」と書かれ、58年の日米修好通商条約で「大統領」が登場します。

ただ、英語の「スピーチ」を「演説」などとする名訳を残した福沢諭吉が、華語

（中国語）と英語の対訳集に和訳をつけて出版した「増訂華英通語」（1860年）ではプレジデントの訳語は「監督」とされており、まだ一定していません。「トウリョウ」と読ませ、集団をまとめる役割の人は「統領」のほか、「頭領」や大工などを指す「棟梁」とも書きます。「明治のことば辞典」によると、「大頭領」なども書かれた時期もありましたが、明治半ば以降の辞書からは「大統領」に統一されました。

米国大統領制を研究している大阪大学非常勤講師の西川秀和《にしかわひでかず》さんは「中国ではそれ以前に官職名に統領を使った例はあったが、頭領はなかった。統領には『統べる』すなわち『支配する』という意味を含むので、適訳と考えられ、日本でも中国の例にならったのでは」と推測しています。

（菅野尚）

排球って何？　送球は？　打球は？

●慶応大ではラグビー部が「蹴球部」

２０１６年８月５日開幕のリオデジャネイロ五輪では、ゴルフとラグビー（７人制）が新たに加わり、球技は全部で10競技に増えました。水泳の一種目である水球を加えると11。卓球と水球を除き紙面では片仮名で表記しますが、他もそれぞれ漢字名を持ち、最近は漫画の題名などに使われているのをご存じですか。

戦争の激化で中止された１９４０年東京五輪。東京都中央区立京橋図書館に残る組織委の規則書には、庭球、蹴球《しゅうきゅう》、籠球《ろうきゅう》などの名が並び、当時は漢字名が使われていたのがわかります。

庭球がテニスであることは、よく知られています。小さいコートで行うので「庭」の字を使い、「テ」の音も合わせた命名です。日本は１９２０年アントワープ五輪の単複テニスで銀メダルを獲得、これが日本初の五輪メダルでした。当時の朝日新聞も「当地運動通の意見も日本庭球界《テニス》の将来や恐るべしと云《い》ふ」と誇らしげに報じています。

蹴球は「アソシエーション」（協会式＝サッカー）と「ラグビー」を含むと書かれており、両方を総称した「フットボール」に当たる言葉とわかります。現在はほとんどの場合、サッカーを指し、ラグビーは闘球と呼ばれますが、今も慶応大では蹴球部と言えばラグビー部のことです。

「蹴球」のように、球の扱い方に基づく命名は他にも多く、球を敵陣にはじき返すバレーボールは排球、味方に投げ渡すハンドボールは送球、クラブで打つゴルフは打球。ホッケーはスティックを杖に見立てて杖球《じょうきゅう》と言いますが、これはゴルフを指すこともあります。他にはバスケットボールがゴールに着目して籠球、バドミントンが球の形状から羽球と訳されます。

最近、これら訳語を題名にした「てーきゅう」「ロウきゅーぶ！」「ハイキュー‼」といった漫画や小説が人気を集めています。音引きを使った仮名書きの語感に、新しさが見いだされているようです。

（加藤正朗）

パラリンピックにも気の利いた略称を

●「五輪・パラリンピック」では不釣り合い

２０１６年夏、盛り上がったオリンピックとパラリンピック。新聞ではこの二つをまとめて表記する場合、「五輪・パラリンピック」とするのが普通です。どちらも外来語なのに、一方は漢字の略称、一方は省略なしの片仮名。表記の整合を好む校閲記者としては、不釣り合いが気になります。

字数に制限がある見出しでは「五輪・パラ」となることも。読者から「『パラ』は、意味は通じるが軽く感じる」という投書をいただきました。

そろえるなら「オリンピック・パラリンピック」、略すなら「オリ・パラ」の方が落ち着きます。内閣官房の略称「オリパラ事務局」や、文部科学省の資料で見られる「オリ・パラ」などは、すっきりしています。

「五輪」に対しパラリンピックにも気の利いた漢字略称は作れないものか。２０１５年８月、東京大会関係者が悩んでいるという記事が朝日新聞に載りました。

記事では「巴輪《ぱりん》」や「三弓《みきゅう》」が提案されていました。三弓はパラリンピックのマークが三つの曲線から成っていることに基づいたものです。ネット上でも様々な案が挙がっています。私は「三弧《さんこ》」がお気に入りです。

日本語には幕末以後、福沢諭吉らが多くの外国語を言い換え、「科学」「郵便」といった和製漢語を広めた伝統がありますが、近年はそうした例をあまり思い浮かべられません。

皆が理解できるのなら、漢字でも片仮名でもいいという声も聞きます。選手も使う「パラ」で問題ないかもしれません。

とはいえ、ネットを使う今どきの若者は新語を波及させる力にたけています。東京大会までが好機。組織委員会などが略称案を募ってはどうでしょうか。（広瀬隆之）

ユーフォニウムからユーフォニアムへ

●本場の読みへのこだわり

京都の高校の吹奏楽部を舞台にした人気小説「響け！ユーフォニアム」。題名にあるのは金管楽器の名です。私は吹奏楽経験者の40代ですが、不思議な印象を持ちました。学生時代には「ユーフォニウム」と呼んでいたからです。朝日新聞の記事データベースで見ると最近でも両方使われていますが、数は圧倒的に「〜ニアム」が優勢です。

音楽之友社の「標準音楽辞典」は、1966年の第1版は「ウ」でしたが、91年の新訂版以降は「ア」表記に。文部科学省が音楽用教科書の表記基準を示した冊子「教育用音楽用語」も、94年の改訂で「ウ」から「ア」になっています。

ヤマハによると、英国では「ユーフォニアム」、他の国では「ユーフォニューム」に近い音で発音されることが多いとのこと。この楽器は英国で現在の形になったと言われ、いわば本家の英国の演奏家たちが90年代ごろから「〜ニアム」を広める努力をしていたそうです。ヤマハは２０００年からカタログに「～ニアム」と表記していま す。

85年に設立された「日本ユーフォニアム・テューバ協会」は、当時は「ウ」が多かったのを承知で「なるべく原語本来の発音に近い表記を広めていくべきだという、啓発の意味を込めて」（元協会理事長の後藤文夫《ごとうふみお》・尚美学園大学教授）、協会名を「ア」にしたといいます。

「響け！」の著者、武田綾乃《たけだあやの》さんはこの楽器の経験者。私より二回り若い武田さんも「ユーフォニウム」と呼んでいたそうです。ただし作品は「文字にした際しっくりくるのが『ア』だったのと、楽器メーカーが『ユーフォニアム』としていたので、『ア』で統一しました」。

「ウ」から「ア」。１文字の違いですが、それまでの表記から「本場」の読みに変えよう、という流れが90年代ごろ起きた。そのこだわりの結果、人気小説の題名になるまで広まった……と思うと感慨深いです。

（中原光一）

珍名で人気の南蛇井〈なんじゃい〉駅

●どれが由来の真相なんじゃい？

暖かくなって旅に出たい季節になりました。鉄道の旅好きにとっては、難読や珍名の駅巡りも楽しみの一つ。群馬県富岡市の上信電鉄・南蛇井《なんじゃい》駅も人気です。駅名の由来は地区名ですが、なぜそんな名になったかには諸説あります。

地元を流れる鏑川《かぶらがわ》畔に温井《ぬくい》という、冬は温かく夏は冷たい泉があり、そこへ蛇が集まって暑さ寒さをしのいだ。泉が南の方にあるから南蛇井――。駅員の深沢栄次《ふかさわえいじ》さんは、そんな言い伝えを教えてくれました。

一方、「群馬県の地名　日本歴史地名大系10」は、「『大日本史』に『那射、今ノ南蛇井村』と記されるように、『和名抄《わみょうしょう》』那射《なさ》郷に比定される。近世史料には『南才』（ナンサイ、ナンザイ）と書いたものが多い」と説明します。那射は「川が流れて広い所」を指すアイヌ語の「ナサ、ナサイ」が元で、それが「なんじゃい」に変化したと、「群馬『地理・地名・地図』の謎」を監修した前橋市参事の手島仁《てしまひとし》さんは言います。

さらに「音韻説」も。「ナ」の音は土地を示し、狭いことを表す「狭《サ》」が「ザ」となり、鏑川沿いの狭い土地を「ナザ」と呼ぶようになったとされます。漢字は、地名の「ナ」は「南」と書くことが多く、「サ・ザ」は「シャ・ジャ」に変化して「蛇」が当てられ、「井」は付近にわき水があったから――。古くは「那射井」とも書かれていたそうです。

どれが真相なんじゃい！と叫びたくなるような諸説乱立ぶりです。地元の人が言いやすく書きやすいように変わってきた結果が「南蛇井」のようです。

呼び名の珍しいこの駅には遠方から来る人も多いそうです。深沢さんは「『なんじゃい』は印象が良くないとも言われる」と笑顔で話します。何の用事だと文句でも言われるかなと訪ねてみたら、深沢さんのような気さくな駅員に会える。このギャップも人気の理由でしょうか。

（中島克幸）

性の多様性を伝えることば

「SOGI」知っていますか?

「ＳＯＧＩ」という言葉をご存じですか。どの性を好きになるかを表す「性的指向(Sexual Orientation)」と、自分の性別をどう考えるかを表す「性自認(Gender Identity)」の頭文字を取ったものです。

ここ数年で広まった「ＬＧＢＴ」。レズビアン、ゲイ、バイセクシュアル、トランスジェンダーの頭文字を取っています。それぞれを分けて考えてみると、Ｌ・Ｇ・Ｂは性的指向、Ｔは性自認に関わるもので、当然ながら性的指向と性自認は別です。この言葉のおかげで性的少数者への理解が進んだ面はありますが、四つの分類に当てはまらない性的少数者もいるのに、ひとくくりにされたと受け取る人もいるようです。

一方ＳＯＧＩは「性的指向」「性自認」そのものを表し、特定の性的少数者ではなく「全ての人」に当てはまる概念です。国連などの国際機関に加え、日本でも使用が増えています。

大阪大学は２０１７年７月、「ＳＯＧＩ基本方針」を策定しました。大学における知と人材をより豊かにするため、性的指向・性自認の多様性と権利を認識し、偏見と差別をなくすよう啓発していく、とうたっています。

この方針の具体化にあたり、阪大が着手したのが新しいトイレサインの作製です。オストメイト（人工肛《こう》門《もん》などを使う人）にも対応したトイレに「ＡＬＬ《オール》　ＧＥＮＤＥＲ《ジェンダー》」という表示を使用。日本語で「みんなのトイレ」としなかったのは、性別を問わず使えることを明示し、ジェンダーの多様性を啓発するためだそうです。「今後は学内アンケートでも男性・女性に加えて新たな選択肢を設けるなどの配慮を進めたい」といいます。

「ＳＯＧＩ」は朝日新聞の記事ではまだほとんど使用例がありません。しかし、性的指向・性自認を幅広く伝えることばとして、紙面に登場する機会が増えてくるかもしれません。

（中原光一）

3

ほんとうの意味は？
字源・語源がおもしろい

「お裾分け」は失礼?

●「裾」には下部、下等の意も

桃をたくさんもらったとします。お隣さんに「お裾分けです」と渡すと、「目上の者が下に対して使う言葉だから失礼」と言われたらどうしますか? 似たような経験をした読者から「現代での意味を知りたい」との質問を頂きました。

「広辞苑」によると、お裾分けは「もらいものの余分を分配すること」。特に上下関係の印象は受けませんが、周りに聞いてみると「確かに、目上に対して『裾』を分けるという言葉は合わない」という声を聞きました。この語感の鍵は「裾」という言葉にありそうです。

「お裾分け」は一部を分けることが語源という説が有力。裾は衣服の下部のほか、「山裾」のように物の下部、端っこを指すこともあります。相場用語で「裾物」は下等品を指し、裾はマイナスの意を含んでいます。

このような語感が、目下に使うという考えにつながるのでしょうか、江戸後期の書物「譬喩尽《たとへづくし》」には「すそわけといふ詞《ことば》は失礼なり」とあります。

ですが、国語学が専門の川嶋秀之《かわしまひでゆき》・茨城大学教授によると、室町後期～江戸初期の文献に、目上または同輩に「すそわけ」という言葉を使っている例があるそうです。「当時は身分の上下に関係なく使ったとも考えられる」とみます。

「裾分け」は、宣教師が日本語を習得するために17世紀初めに作られたポルトガル語辞書にも載っています。すでにその頃には、人々の生活に根づいていたのでしょう。

現代でも使われるのは、物を分けることで喜びを共有する文化が脈々と続いてきたからではないでしょうか。物を分けたい人がいる幸せを表すこの言葉、上下関係を超えて大事にしていきたいものです。

「譬喩尽」の先の記述は「但《ただ》し貰《もら》ふ方は随分よろしき詞なり」と続きます。失礼と言いつつ、実はもらうとうれしい。そんな気持ちを垣間見るような気がしませんか。


（梶田育代）

「粛々」はどこからきた？

●苦境にある政治家の逃げ口上

「上から目線の『粛々』という言葉を使えば使うほど、県民の怒りは増幅していく」。沖縄県の普天間飛行場を辺野古へ移設する工事を巡り、２０１５年４月、翁長雄志《おながたけし》知事が菅義偉《すがよしひで》官房長官に投げかけた言葉は注目を集めました。

この一件について、その名も「政治家はなぜ『粛々』を好むのか」の著書がある円《えん》満字二郎《まんじじろう》さんは「ここ20年ほどで多用されるようになった言葉。これまでは追いつめられた側が逃げ口上としてよく使ってきた。それが『上から目線』にしかうつらないほど、沖縄から見れば政府の対応が高飛車だということでは」と感想を述べます。

円満字さんによると、「粛々」は中国古代からある言葉で、「おごそか」「静か」という意味を持つ一方、「びゅうびゅう」といった強い風の音などを表す擬音語でもありました。現在のような使われ方のきっかけは、江戸時代後期の学者、頼山陽《らいさんよう》の詩の一節「鞭声粛々《べんせいしゅくしゅく》、夜《よる》河《かわ》を過《わた》る」にあります。

川中島の戦いで、上杉謙信軍が武田信玄軍に奇襲をかけようと静かに迫る場面。「粛々」は鞭打《むち》つ音の擬音語であり、音の静かさでもあると円満字さんは解します。詩が広まるうち、列の進む様子を示す擬態語と受け取られるようになりました。それが「集団が秩序を保って何かを遂行する」というイメージに転じ、苦境にある政治家などが使うようになったそうです。

菅長官は同月14日に関西電力高浜原発の再稼働を禁じる仮処分決定が出た時も「（再稼働は）粛々と進めたい」と述べました。

「列を乱さず進む」ことからは、相手から意見を受けても足は止めないという印象を受けます。翁長知事の指摘を受け、菅長官に加え安倍晋三《あべしんぞう》首相も沖縄に対して「粛々」は使わないと述べました。しかし、指摘された「上から目線」が言葉だけではなく、その姿勢も含むのだとすると、言葉の言い換えだけで収まる問題ではなさそうです。

（青山絵美）

「転嫁」、なぜ嫁を転がす？

●姑息の姑は「しゅうとめ」ではない

普段何げなく使っている言葉の中に、おやっと思う漢字が使われていることがあります。

例えば「責任転嫁」。「自分の過ちや責任を他人になすりつける」という意味の言葉に、なぜ「嫁＝よめ・とつぐ」という漢字が使われているのでしょう。

実は、「嫁」にはこの他にも「かずける」という意味があります。「かずける」は「被《かず》ける」という字を当てて、「責任や罪などを押しつける」ことを言います。「嫁」は「被」と同義の関係にあるのです。「転嫁」は「嫁を転がすこと」ではないのです。

カルチャーセンターでこの話をしたときに、秋田県出身の方から「かずけるは、方言として使っていたが、これに当たる漢字があるとは知らなかった」という話を聞きました。ある調査によると、北関東、東北を中心に、静岡、愛知などでもこうした意味で「かずける」が使われていました。一般的に使われなくなった言葉の意味が、方言の中に息づいているのです。

「姑息《こそく》な手段」の「姑」は、「しゅうとめ」のことではありません。この場合の「姑」は「ひとまず」「しばらく」という副詞のような役割なのです。「息」は「休息」というように「休む」の意味です。つまり「姑息な手段」は「一時しのぎの手段」のことで、「姑の息《しゅうとめ》」とは関係ありません。最近では「ずるい手段」の意味で使われ、時代によって変化している言葉の一例でもあります。

漢字は3千年以上の歴史の中で、様々な意味と用法を現代に持ち込んでいます。しかし先に挙げた「嫁」や「姑」のように、私たちは限られた範囲の中でしか漢字を理解していません。

言葉として「てんか」や「こそく」などを知っていても、そこに使われている漢字には無関心で、その意味を考える機会が減っています。漢字の一部は、すでに意味を置き去りにされた記号となりつつあるようです。

（前田安正）

人生の荒波かぶり、女が「婆」に？

●「字説」で漢字に親しむ

「転嫁」という漢語の意味を取り上げたところ（前項）、それでは「婆」は「人生の荒波を何度もかぶって女は婆になる」という意味なのですか、とのお便りを頂きました。

おもしろい説ですが、残念ながらそうではありません。

古代中国で、おばあさんのことを「ブア」といったため、それに近い「プア」の音《おん》をもつ「波」を用いて「婆」の字を作ったのです。「波」の部分は音と同時に「しわ」の意味を表すという見方もありますが、あくまで一説にすぎません。

漢字は、意味を表す部分を組み合わせた文字だと思われがちですが、実は音だけを表す部分もたくさんあります。

もっとも、お便りにあるような解釈の仕方は、中国本土でも古くからありました。北宋の宰相・王安石は、「籠」は「竹の中に龍を収めること」で、「波」は「水の皮のこと」だと説いたと伝えられます。しかし、「籠」の「龍」、「波」の「皮」は、「ロウ」「ハ」の音のみを表す部分です。

漢字の成り立ちを「字源」といいますが、王安石のような解釈は、それとは区別して「字説」と呼ぶことがあります。字説は、ときに処世術となったり思想へと発展したりもするので、それなりの意義があるといえます。

例えば、「武」は「戈《ほこ》を止《と》める（戦いをやめる）」ことだという字説があり、「春《しゅん》秋《じゅう》左《さ》氏《し》伝《でん》」の約２６００年前の記事に見えます。本来「武」は、「戈を携えて歩む」という正反対の意味を表しますが、「戈を止める」の説は、専守防衛の精神を説いた字説として、今日でもしばしば引用されます。

また最近では、お笑い芸人のゴルゴ松本さんが、「『命』は『人を一叩《ひとたた》き』と書く。心臓の鼓動の一叩きの連続が『命』だ」などと、独自の字説を説き、人気を集めています。

字源とは異なることさえ踏まえるなら、字説で漢字に親しむのもまた楽しいものです。

（田島恵介）

「裏」に負のイメージ?

●本来は「内」の意味

集団的自衛権をめぐるニュースで、「自衛隊が地球の裏側にまで行くことになる」などと言われることがあります。この「裏側」について、「日本が表側とは思い上がり。『裏』にされた方は面白くないはず」とのメールが読者から届きました。

「地球の裏側」は、場所を特定しない抽象的な表現のほか、南米を指す際にも使われます。声欄にもブラジルの日系2世の女性から「南米というと必ず『地球の裏側』と形容され不愉快」との投稿がありました。共通するのは、「裏」には負のイメージがあるとの指摘です。

差別的だとして死語になった言葉に「裏日本」があります。日本近代史が専門の阿《あ》部恒久《べつねひさ》・共立女子大教授によると、この言葉は1895年、当時の中学校地理の教科書で初めて登場しました。弓形に湾曲した日本列島の内側を「内面あるいは裏日本」、外側を「外面あるいは表日本」と表しました。同じころから太平洋側を中心に近代化が進み、「裏」が地域格差の象徴として定着してしまいました。同様に、大分県などを指して「裏九州」という言葉が使われていた時代もありましたが、こちらも今は死語です。

「日本語語感の辞典」の著者、中村明《なかむらあきら》・早大名誉教授によると、裏という漢字は元々は衣服の内側を意味しました。裏を分解して並べ替えると、衣偏の「裡《うち》」という異体字になることにそれが表れています。「物事の内側、心の中をも表します。うらさびしい、うらはずかしいなどの『うら』も語源は同じ。物事の中心に近く、考えようによっては表に当たる外よりも、内の方が重要といえます」

ただ、裏社会、裏口入学など、まっとうでないもの、正式でないものを指すことが多いのも事実。「内」という本来の意味が忘れられ、好ましくないイメージが先行してしまった、「かわいそうな言葉」なのかもしれないと思えてきました。

（有山佑美子）

「官」は役人だけ？

●面接官から面接員に

面接官、試験官、教官。こうした表現に対し、「役人以外に『官』を使うのは不適切」という声があります。官房長官、事務次官、裁判官など、「官」がつく言葉は確かに公的機関の仕事がほとんどです。

国語辞典編纂者《へんさんしゃ》の飯《いい》間《ま》浩明《ひろあき》さんは「基本的には役人を指しますが、使用実態は単純でなく、判断の難しい言葉の一つです」と話します。実際、多くの国語辞典で語釈が変遷しています。

例えば「教官」の項目。広辞苑は初版（１９５５年）で「①学術を教授する官吏②教育に関することをつかさどる官吏」と、役人を指す二つの語釈を挙げました。ところが第４版（91年）になると「俗に、私立大学や専門学校などの教員にも用いる」という表現が加わります。

「官」の字にはどんな来歴があるのでしょう。漢字研究の第一人者・故白川静《しらかわしずか》さんは「常用字解」で、軍の駐屯地を表したと説明します。ウ冠は屋根、その下に軍隊が守護霊として携帯する肉を安置した形。後に「役所・役人」や「つかさどる」の意味になったとしています。

今も、法律や公文書での使い方は厳密です。「官職」という言葉が国家公務員法に登場しますが、地方公務員法では「職」に置き換わります。道路交通法では自動車教習所の「教官」は存在せず、教習指導員・技能検定員と定めています。

面接試験の実施団体の中には、官以外の表記をするところもあります。２０１８年度から一部の入試に面接を採り入れる東京大学は選抜要項に「面接員」と記します。埼玉県和光市なども「面接員」、日本英語検定協会の英検は「面接委員」です。共通する「員」は、官に比べると、特殊な背景や権威性を感じにくい印象があります。

公から民へ、官は進出し、定着もみられます。ただ、「言葉の天下り」に違和感を覚える人がいるのも確か。現状は俗用であることには留意したいです。

（有山佑美子）

「しがらみ」は悪者？

●「流れの調整」に必要なもの

2017年10月の衆院選で、「しがらみのない政治」を唱える政党代表がいました。

「しがらみ」を日本国語大辞典で引くと漢字では「柵、笧」をあて、「水流をせき止めるために、川の中に杭《くい》を打ち並べて、その両側から柴《しば》や竹などをからみつけたもの」とあります。万葉集巻2の柿本人《かきのもとのひと》麻呂《まろ》「明日香川　しがらみ渡し　塞《せ》かませば　流るる水も　のどにかあらまし」は、速い流れもしがらみでせき止めたならゆったりとしたであろうに、と歌います。雑木を編み込んだ柵《さく》を立て、川の流れを調節したものでした。

江戸時代の百科事典「和漢三才図会《ずえ》」は「寨柵《しがらみ》」は農地の灌漑《かんがい》用に水を引くものと紹介。水道のない時代、川の水をどう利用し、水害をどう防ぐかに知恵を絞ってできた、暮らしを支える設備だったと考えられます。

一方、「水流をせき止め、からみつく」ことから、「まとわりついて身を束縛するも

が、暗殺の場面として描かれています。

暗殺というと、このように見えない所で要人を殺害する印象を受けます。「暗」の字が暗闇での犯行を思わせます。似た言葉に「闇討ち」があります。

しかし、暗殺の「暗」は「暗い」ではなく「ひそかに」という意味です。国語辞書では暗殺を「主に政治的な理由で要人をひそかに狙って殺すこと」などと説明しています。「ひそかに狙う」は、陰謀の臭いや計画性を感じさせます。同様の使い方に「ひそかに活動すること」を意味する「暗躍」があります。

また「暗」には「外に現れない」「隠れている」という意味もあり、隠れた岩を示す「暗礁」のように使われます。暗殺の裏に陰謀ありと考えれば、実行する時間や場所は、直接は関係ないといえそうです。

韓国の前政権に正恩氏の暗殺が選択肢としてあった、と報じた記事もありました。できれば国際問題は、「ひそかに」ではなく話し合いで堂々と解決してほしいものです。

（鶴田智）

「ひもとく」の「ひも」はどこにある？

●生命力のある言葉

新製品の紹介記事を校閲した際、「専門家が魅力をひもときます」という表現を見ました。この「ひもとく」は、「解説する」という意味のようです。「ひもとく」は、巻物などのひもをほどいて書物を読むことをいうのが一般的でした。でも最近は「疑問を解明する」「背景を説明する」といった意味で使われることが増えています。

「広辞苑」は、「ひもとく」に二つの項を挙げています。一つは「繙く」で、書物の帙《ちつ》（カバー）のひもをほどいて読むこと。もう一つは「紐解く」で、下衣のひもをほどくことや、つぼみが開くこととあります。

他の国語辞書もおおむね似た説明をしています。ただ、「三省堂国語辞典」は「謎を解く」ことも指すと加えています。

現代では、ひもをほどいて何かを読む機会はほとんどありません。「繙く」ではなく「紐解く」の方から連想が広がり、字面からも「謎解く」につながってきたとも考えられます。

朝日新聞は「ひもとく」の使い方について取り決めを設けていませんが、読者からは「『謎をひもとく』は違和感がある」「『歴史をひもとく』なら古いものを参照するという意味なので理解できる」といった声が届きます。他紙では「解明するという意味では使わない」としている社もあるようです。

以前はしていた行為を、文化や技術の発展でしなくなったのに、その動詞だけは残っている例は、少なくありません。

綿や繭から繊維を引き出して糸にする「紡ぐ」は、紡績が中心産業だったころに比べると使う場面は減りましたが、「言葉を紡ぐ」といった表現で使われ続けています。「書く」も、キーボードなどを「打つ」ことが多くなっても使われています。

技術が急速に進歩しても言葉の変化は伴わない例は、今後も出てきそうです。意味を派生させてでも生き延びる言葉の「生命力」に感心させられます。

（加藤順子）

「与党・野党」が定着するまで

●「吏党・民党」の時代を経て

参院選も投票日（2016年7月10日）まで残りわずか。経済政策や改憲を巡る与党対野党の舌戦も最終盤です。

さて、「与党」と言えば政権を担当する政党ですが、国民に政策や利益を与えるから、こんな名がついたのでしょうか？

漢和辞典を見ると「与」には仲間、味方の意味もあり、「与《くみ》する」という訓読みが出ています。与党にも仲間の意味があり、8世紀の日本の史書にも載る古い言葉です。明治になり「政府に与する政党」の意味で使われるようになりました。

「野」の方は、政治が行われる王城の外を表し、そこから「民間」の意味が生まれました。官職に就かないことを意味する「在野」という言葉から「在野党」の語ができ、それが省略され野党となりました。こちらは近代にできた言葉です。

政権を担当する党とそうでない党を表す言葉は、明治以来、何種類かありました。

在野党に対しては「在朝党」とも言いました。「朝」は「野」の対義語で、政治を執り行う場所を示します。1894（明治27）年3月の朝日新聞記事に「在朝党多数となり在野党少数となる」などとあるのが見られます。

90年に帝国議会ができてすぐのころは、与党を「吏党《りとう》」、野党を「民党」と呼ぶ記事が多く見られます。歴史辞典によると、自由民権運動の流れをくむ政党が民党を自称。官吏つまり官僚に支えられた政府の側に立つ政党を、ややさげすんで吏党と呼んだのだそうです。

1890年代半ば以降、民党側と政府が提携したりするようになると、吏党・民党の呼び名は廃れました。代わって使われるようになったのが与党・野党で、「新明解語源辞典」によると大正期になってから世の中に定着したようです。

今回の参院選は野党の選挙協力が進み、与野党の対決構図がはっきり出ているのが特徴の一つです。将来を見据え、皆さんはどちらに「与し」ますか。（中島一仁）

「秋波《しゅうは》を送る」は永田町用語?

●政治家同士で色目を使う?

新党設立や野党の合流・分裂など政局が大きく動いた2017年10月の衆議院議員選挙。そうした動きの前兆や裏事情を伝える記事でしばしば目にしたのが「秋波《しゅうは》を送る」との表現です。

「秋波」を辞書で引くと、岩波国語辞典には「こびを表す目つき。色目」「もと、秋の澄みわたった波の意で、美人の目もとの感じを形容したことから」とあります。慣用表現などをまとめた「成語林」では、女性のひそかに誘うような視線を「秋波」と表現した中国の南唐時代の漢詩を紹介しています。

女性が色目を使って異性の関心を引く表現のはずなのに、紙面ではなぜか秋波の送り手はほとんどが男性政治家や政党です。立候補の打診や選挙協力の模索といった、いわば「片思い」段階の言動をそう呼んでいるようです。

原稿の点検で初めて目にした時は「政治家同士で使っていいの?」と戸惑いました

が、過去の紙面では、色気とは無縁の政治・外交の話題で使われているのが圧倒的多数。こうした使い方は遅くとも明治半ばには見られます。

一方で、女性政治家が男性に対して「秋波を送った」と書いた原稿では、「接近を図った」などと言いかえてもらったことがあります。純粋に政治的な話なのか、女であることを武器にして色目を使ったのか、あらぬ誤解を招きかねないからです。

担当の政治部デスクに聞くと、「秋波を送る」というのは一種の「永田町用語」。自民党総裁選では派閥間の様々な駆け引きを、政治家も記者も昔から「秋波」と呼んでいたそうです。女性の総裁候補が長らくいなかったこともあり、本来の意味を意識することはなかったとのこと。相手の気を引こうと躍起になる様子を、女性の色仕掛けにたとえた男社会のジョークだったのでしょうか。誤用と言えるか難しいところですが、女性が主語の場合は使わないのが無難でしょう。

（細川なるみ）

「真田丸」の「丸」って?

大阪市天王寺区に2016年に建てられた「真田丸顕彰碑」には、真田信繁（幸村）が大坂の陣の際に徳川方の攻撃に備えて築いた出城の真田丸が半円状に描かれています。

なのになぜ「丸」というのでしょうか？　公益財団法人日本城郭協会理事の加藤理《かとうまさ》文《ふみ》さんにうかがいました。

城内で区画されたひとつの区域は「くるわ」と呼ばれていました。くるわとは一定の地域をその周囲と区別するために設けた囲いのことです。中世には「曲輪」、近世になり「郭」とも書かれました。くるわとは丸いものだという考えから、近世の城では「丸」があてられるようになったようです。

これが城内の建造物にも使われます。最も主要なものなら「本丸」、西の方にあれば「西の丸」。城内から外に向けて造られると「出丸」。つまり、丸いから丸というのではないのです。真田が大坂城の南に突き出すように築いた出丸なので「真田（出）丸」となったと思われるとのことでした。

ところで、16年のNHK大河ドラマ「真田丸」の作者・三谷幸喜《みたにこうき》さんは、朝日新聞連載のエッセーで「『真田丸』は、信繁が築いた砦《とりで》の名前だが、真田一族を、戦国という海を渡る船に例えてもいる」と書いています。

「丸」は「まろ（麻呂）」が変化したもので、種々の名称の語末の構成要素として、「人名、特に幼名」「刀・楽器、その他の器物」「船の名」などに用いられると「日本国語大辞典」にあります。名前に付けることによって親愛の意を表したりもします。

第9管区海上保安本部の「『海の豆知識』―海の相談室編―」によると、船に「丸」を付けて呼ぶ習慣は古くからあり、日本人が海外に盛んに乗り出すようになった室町時代には多くみられるそうです。外国では、日本船を「マルシップ」と呼んだりもしています。

（岡田宏康）

「諸島」と「群島」の違いは？

●学問的な定義はない

ニュースでよく見る沖縄県の尖閣は「諸島」、北方領土の歯舞は「群島」。どちらも島の集まりですが、「違いは？」との質問が読者から届きました。

国語辞典や地理学の事典では諸島を「散在する島々」、群島を「群がった島々」などとしていますが、ほとんど同じ説明をしているものもあります。

群島を「地理学では『諸島』の旧称」とする辞書もありますが、下関市立大の平岡《ひらおか》昭利《あきとし》名誉教授（地理学）によると、諸島も群島も学問的な定義はなく、学界では基本的に地図に書いてある地名を使っているそうです。

では、地名としてはどう決められたのでしょう。地図を作る国土地理院や、海図を作る海上保安庁海洋情報部によると、このような配置なら諸島、といった決まりはなく、歴史的な名称や現地での呼び方に従って地名を決めているとのことです。

実際、両方が使われていて混乱があった場所もあります。

歯舞や鹿児島県の奄美は、近年まで地図や海図で諸島・群島の両方の呼び名が混在していました。地理院や海保の代表者からなる「地名等の統一に関する連絡協議会」が、２００８年に地元の北海道根室市の要望から「歯舞群島」、10年には現地で呼ばれることが多いからとして「奄美群島」に統一しました。

伊能忠敬《いのうただたか》が幕末に作った地図には島の名前が細かく書かれていますが、諸島や群島といった文字は見られません。１８７５（明治８）年の千島樺太交換条約の日本語訳には「クリル群島」という記述があります。１８７７（明治10）年の「小学必携日本全図」には小笠原群島や北部諸島（現在の奄美群島）の表記があり、明治初期から広く使われ始めたようです。

明治に入って、中央集権的な政府が行政区画を定め、外国との境を明確にする過程で、集まる島々をまとめる呼称が求められ、統一基準なく個々に付いていった流れが浮かびます。

（大月良平）

閏はなぜ「うるう」？

●「潤う年」を願う

月曜日は4年ぶりの2月29日でした（2016年）。朝刊1面の題字脇に「閏日《うるうび》」とあるのに気づいた方もいらっしゃるでしょう。この「うるう」という言葉、なぜこう呼ばれるのでしょうか。

新月から新月までを1カ月と数える旧暦では、12カ月は約354日。地球が太陽の周りを1周する時間（1太陽年）より10日以上短いため、何年かに1度、1年を13カ月に増やして調整していました。この増やした月を「閏月」といい、「閏年」は閏月がある年を指しました。

日本語学が専門の今野真二《こんのしんじ》・清泉女子大教授によると、約1300年前に書かれた「日本書紀」に、7月と8月の間に「閏七月」という記述があります。平安時代末期には、ここに「ウルフ」と読み仮名をつけた文献もあるそうです。

中国では閏月から転じ「閏」の字が「余り物」も意味するようになりました。「潤」

は「水が余る」、つまり水分が多いという意味になり、日本では「潤《うる》ふ・潤《うるほ》ふ」と読んだのです。

「閏」を意味する言葉が日本語には元々なく、今野教授によると『『潤』と似た字だという理由で『うるう』の読みを当てたと考えるのが自然です」。閏月を「潤七月」などと書いた例もあり、これはある漢字の代わりに似た形の別の字を使う「通用」という用法だそうです。

明治に新暦が導入されると閏月はなくなり、閏日の2月29日がある年を閏年と呼ぶようになりました。閏日は1太陽年が３６５日より長いのを調整するため、４００年に97度入ります。閏日は4年に1度と言われますが、西暦が１００で割れる年のうち、１９００年など４００で割れない年は３６５日です。

１９００年1月6日付東京朝日新聞のコラムは「(今年は) 天文学上の結果（中略）閏《うるふ》ハ無い、併《しか》しうるふハないでハ困る」としゃれています。閏日の有無によらず「潤う年」であってほしいものです。

（加藤正朗）

9が重なる日「重陽」

●知名度低いが「五節句」の一つ

「六日の菖蒲《あやめ》、十日の菊」という言葉があります。前半は菖蒲が5月5日の端午の節句のものであることから、6日には時期遅れになるという意味です。では菊は何月9日の花でしょう？　正解は9月。9月9日は重陽《ちょうよう》、菊の節句です。

重陽はあまり一般的でなく、私も大人になってから知った節句ですが、江戸時代初期に幕府が定めた「五節句」に、端午と共に含まれます。他の三つは七草の1月7日「人日《じんじつ》」、ひな祭りの3月3日「上巳《じょうし》」、たなばたの7月7日「七夕《しちせき》」で、日付はおなじみでしょう。

重陽は、陰陽思想でめでたいとされる陽数（奇数）が、月と日で重なることが名の由来です。奇数の重複は他の五節句も同様で、上巳、端午を「重三《ちょうさん》、重五《ちょうご》」と呼んだりしますが、1桁で最大の「極まった」陽数9が重なる日を重陽と呼びます。

節句は元々「節供」と書かれ、端午のちまきなどのように節日《せちにち》に供える飲食物のことでした。次第に節日のことを指すようになり、「区切り」を意味する「句」をあてて節句とも書かれるようになりました。現在はこの表記が主流です。

月と日の数が重なる法則性からは、1月7日でなく1日を五節句に入れる方が自然です。実際、江戸幕府が五節句を定める以前、イエズス会宣教師が日本語習得のためにポルトガル語で編んだ「日葡《にっぽ》辞書」のように、元日を五節句に数える例もありましたが、幕府は元日を独立した祝日にし、五節句には人日を入れました。

　この理由を民俗学者の柳《やなぎ》田《た》国男《くにお》は、人日にあまり大きな行事がない一方、元日と小《こ》正月の15日は「家々各自らの式が多いので、それに自由を与えようとした」のだろうとしています。

　今の暦だと、9月初旬は菊が満開ではありませんが、重陽には、長命を呼ぶという、菊の花を浮かべた菊酒を飲むのもいいのではないでしょうか。　（八尋正史）

アジサイの七変化は移り気を示す?

●冷遇されてきた過去をもつ

梅雨入りした関東地方では、アジサイが見頃になります。あじさい寺として有名な神奈川県鎌倉市の明月院《めいげついいん》を訪ねると、日本古来種のヒメアジサイ2500株が参道の両脇を青一色に染め、多くの観光客の目を楽しませていました。

季節を代表するこの植物の名は、一説に「あつ（集）さ（真）あい（藍）」が語源とされ、藍色（の花）が集まる様子を指すといいます。

漢字では「紫陽花」の表記がおなじみです。中国・唐の詩人、白居易が「色は紫で香りがよい」花に出合って紫陽花と名付けた、という漢詩に由来します。ただ日本原産のアジサイは香りに乏しく、当時の中国に咲いていたとも考えにくいことから、彼の詠んだ花は別物では、と言われています。

今でこそ不動の人気ですが、白から赤や青へと次第に色を変える特徴から「七変化」とも呼ばれ、これが人の心変わりに通じるとして、実は「冷遇」されてきた過去があります。

万葉集では大伴家持がアジサイを引き合いに、人に欺かれたことを嘆く歌がありま す。平安朝の和歌集でも、桜や紅葉に比べると登場する回数が極端に少ない花です。永井荷風の短編小説「あぢさゐ」は、男を巡って気移りする芸者の姿を描いていま す。「節操がない」ことの連想からか、かつてはアジサイを人に贈るのは控えられたともいいます。

転機は戦後に訪れます。多くの寺院の境内に植えられ、雨の多い季節を彩る名物として定着していったのです。明月院の佐藤惟誠《さとういせい》住職は「成長し、花を咲かせ、そして枯れていく姿は人の一生に似ている。命の尊さを思い、優しい気持ちになっていただけたら」と語ります。

その名の通り、房に集まる藍や青の色彩は、雨にぬれて一層際立ちます。皆さんも、各地の多種多様なアジサイの色合いを楽しんでみてはいかがですか。

（加勢健一）

にわか雨から狐雨まで

●夕立とゲリラ豪雨は同じ？

梅雨が明けると、いよいよ晴天が続く夏本番を迎えます。それでも、晴れていたのに急に降ってくる「にわか雨」に出くわす日もあります。

にわか雨は漢語では「驟雨《しゅうう》」。驟は「急に、突然」などの意味です。この驟雨は、梅雨明け以降、夏の午後から夕方に降ると「夕立」と呼ばれます。

強い日差しで発生した雲が空に「立つ」ような積乱雲に発達し、上空を通過する際に降るからなど、夕立の語源には諸説あります。大きな雨粒や勢いのある雨脚が地面をたたき、辺りを真っ白に見せるところから「白雨《はくう》」という別名もあります。

夕立には雷もつきもの。この二つが合わさると「神立《かんだち》」と呼ばれます。もともと神が現れて力を示すことなどを意味していた神立が、雷や雷鳴を指す言葉となり、雷を伴った夕立のことまでこう言うようになった、とされています。

晴れているのに、なぜかポツリ。天気雨には「狐雨《きつねあめ》」というほほ笑ましい名も。

「狐の嫁入り」として知られます。雲のない空から降ってくる様子を天が泣いているように見立てた「天泣《てんきゅう》」という語もあります。

突然の大雨を指す言葉は、最近では「ゲリラ豪雨」がよく使われるようになりました。

気象情報会社ウェザーニューズの広報に聞くと、「夕立もゲリラ豪雨も、メカニズムとしては同じ」とのことです。

どちらも、影響するのは地上の空気と上空の寒気との温度差。温暖化や、エアコンの室外機が放出する熱などが原因のヒートアイランド現象で、地上の空気が暖まりやすく、「ゲリラ」に例えられる突然の大雨が、夕方に限らず起きるようになったそうです。

「夕立」は風物詩の趣も漂いますが、「ゲリラ豪雨」だと災害の印象が強くなります。雨の多いこの国ですが、だからこそ情緒ある表現を使ってうまく付き合っていきたいものです。

（岩本真一郎）

「年の瀬」の瀬とは？

●川の流れ、時の流れ

年の瀬は、「年の暮れ、年末、歳末」を指す言葉ですが、なぜ「瀬」を使うのでしょうか。

「瀬」は川の流れに由来します。国土交通省の河川用語集には「流れが速く浅い場所を瀬、流れが緩やかで深いところを淵《ふち》と呼びます」とあります。

水は流れる場所の断面積が狭ければ速くなり、広く深い場所では緩やかになります。

浅瀬なら人は立って川を渡れることがあります。「身を捨ててこそ浮かぶ瀬もあれ」なら、急流にのまれ、助からないと思い定めた末、窮地を脱するような場所に至ることをいいます。

「瀬戸」は陸地や山に挟まれた海峡や谷を指します。古くは「狭門《せと》」と書いたようです。「瀬戸際」は海峡と外海の境。流れが速く、かじ取りを誤れば命にかかわる分岐点です。

「逢瀬《おうせ》」は川の流れの出合いを指すことから、男女が人目をしのんで会う機会。公然と会えないからこそ時間の過ぎるのが速く感じられたことでしょう。崇徳院（１１１９〜64）の「瀬を早み　岩にせかるる　滝川の　われても末に　逢《あ》はむとぞ思ふ」も流れの速い川に例えて未来の逢瀬をうたっています。

このように「瀬」は時の流れの速さも連想させました。「年の瀬」は一年最後の一番忙しい時期を呼ぶようになります。

江戸時代、つけ払いが多かった庶民にとって、大みそかは盆と並ぶ借金清算の最大の攻防の日。井原西鶴《いはらさいかく》（１６４２〜93）の「日本永代蔵」には「借銭の淵をわたり付《つけ》て、幾度《いくたび》か年の瀬越《せごし》をしたる人のいへり」と、危うい思いをして年末を過ごした人が語る場面があります。

年末の清算期が「年の瀬」の時期だったようですが、「迫る」などの言葉がつくことで使える期間が広くなったようです。

問題山積の年も暮れます。将来への「つけ」回しは、個人も国も踏み外せば淵に落ちる危うい瀬だと知るべきでしょう。

（町田和洋）

「干支」の由来は？

●戊辰戦争に阪神甲子園球場

12月に入ると、多くの方が年賀状を準備されると思います。年賀状と言えば干支《えと》。２０１８年は戌《いぬ》ですね。

でも干支は、10年周期の「十干《じっかん》」の「干」と12年周期の「十二支」の「支」に由来し、戌は十二支の一つでしかありません。

山川出版社の「日本史広辞典」によれば、干支は「かんし」で『えと』とも。十干、十二支のこと、またそれをくみあわせた六十干支の略。六十干支は、十干の最初の甲《きのえ》と十二支の最初の子《ね》とからなる甲子に始まり、乙丑、丙寅と進んで癸亥に至る」と記載されています。

60歳（本来は数え年で61歳）を示す還暦は60年で生まれ年の干支に戻るところからきています。

２０１７年は酉《とり》年ですが六十干支で表せば丁酉《ひのととり》。18年は戊《つちのえ》戌《いぬ》です。

歴史上には672年の壬申《じんしん》の乱、1868年から始まる戊辰《ぼしん》戦争など六十干支を冠して呼ばれる出来事があります。阪神甲子園球場も1924年の甲子《きのえね》の年に造られました。

それでは、干支を「えと」と呼ぶのはなぜでしょうか。

古代中国で万物を「陰陽」の二つの要素に分ける「陰陽説」と「木火土金水」の五つの要素からなるとする「五行説」が考えられました。更に木火土金水それぞれを陰陽に分け、10通りにする「陰陽五行説」が登場し、これを「十干」に当てはめたようです。

日本では、陰陽を「兄《え》（陽）弟《と》（陰）」になぞらえ、「えと」と呼ぶようになりました。

現代でもカレンダーなどで目にする六十干支ですが、江戸時代には十干を略して十二支で年を表すことも珍しくなくなっていたようです。

今は多くの辞書で「干支《えと》」に十二支だけを指すとの説明も載せており、「子」や「戌」を「干支」と呼ぶことも定着していると言えるでしょう。

（水本学）

4

進化、それとも突然変異？
激動することばたち

「真逆《まぎゃく》」の広がり

●「正反対を上回る勢い」

「『正反対』のことを『真逆《まぎゃく》』と言うのを頻繁に聞くようになりました。朝日新聞ではあまり見かけない表現ですが」とのメールを広島市の歯科医師の男性（46）からいただきました。

電話でお話をうかがうと、ラジオで20代くらいの出演者が使った「真逆」という言葉に、ベテランのアナウンサーが抵抗感もなく受け答えしていることに驚いたそうです。小4の次男に質問してみると「普通に使うよ。（30代の女性の）先生も授業で使っている」との答えが返ってきてさらに驚いたとのこと。「違和感がある言葉なので、私は使いたくないですね」

2011年度に文化庁が実施した「国語に関する世論調査」があります。正反対のことを真逆と言うと答えた人は全体の22・1％でした。「言う」と答えた人は16～19歳で62・8％、20代で53・1％、30代で37・5％、40代で28・2％。50代になると2

割を切り、さらに60歳以上は1割以下でした。

いつから使われ出したのかについては、「映画の撮影現場で照明を通常とは逆に当てる技術を真逆と呼んだのが始まり」「90年代にお笑い芸人が使用した」といった説がありますが、いずれもはっきりしません。

「現代用語の基礎知識」（自由国民社）には、07年版で初めて掲載されました。国語辞典では、俗語などと断ったうえで収録に踏み切ったものが増えています。校閲センター所蔵の辞書では、8冊で取り上げられていました。三省堂国語辞典（第7版）には「二〇〇〇年以降に広まったことば」とあります。

尾谷昌則《おだにまさのり》・法政大文学部教授（日本語学）は「訓読み（ま）と音読み（ぎゃく）が交ざった『湯桶《ゆとう》読み』をする珍しい熟語だが、これだけで誤用とは言えない。14年の国会会議録における発言数は『真逆』が『正反対』を上回っており、いずれ『正反対』が廃れるかもしれない」としています。

（越智健二）

「半端《はんぱ》ではない」が省略進み「パネェ」

●日本人は略語好き

「半端ない」。程度がはなはだしいことを表す「半端ではない」を短くした言い方です。最近よく耳にします。

この「半端ない」は、朝日新聞の天声人語に過去2度登場します。最初は2012年、この年の文化庁の国語世論調査を取り上げ、日常会話で「半端ない」を使う人が2割強あり、「16～19歳では6割以上が使っている」と紹介、「遠からず定着と相成るのだろう」。15年にも「日本人は本当に略語が好きだ」と「半端ない」を例示し、「更につづめて『パネェ』と言っている人も、今や珍しくない」と指摘しています。

調査を担当した文化庁国語課を訪ねました。若者の話し言葉の「半端ない」が書き言葉になり始めたのは00年ごろだそうです。担当者が国立国語研究所のデータベースを検索したところ、01年出版の雑誌に現れ、08年には多くのブログで目につくようになります。さらに11年にネット検索すると１０３０万件ヒットし、「表記習慣になりつつある」と判断して調査することにしたそうです。

そして今や、「三省堂国語辞典（第7版）」（14年）にも取り上げられています。

本欄にはこの「半端ない」のほかにも、「その結果」を「結果」、「基本的には」を「基本」、文頭の「なので」などと省略することに、「いかがなものか」「気持ち悪い」といった意見のメールが何通か届いています。近ごろは、紙面でも見かけるようになりました。

さて、声欄（15年5月、東京本社版）に福岡県の中学生がこんな投稿を寄せています。「日本語の乱れと感じるものに『ぱない』という言葉がある。（中略）私は、多くの人が分からないほど省略された言葉は使いたくない。『言葉の乱れは文化の乱れ』と意識しながら、言葉を使っていきたいと思う」

私はまったく同感ですが、みなさんはいかがでしょうか。

（奈良岡勉）

やばい＝すばらしい？

●泥棒が使う隠語だった

「この犬やばいよ！」と散歩中に言われ、愛犬に何か起きたのかと思ったら、どうも「かわいい」という意味のようだった――など、最近の「やばい」に戸惑う投稿が3通ありました。

江戸時代後期には「やば」という言葉が見られます。「大辞林」によると「具合の悪いさま。危険なさま。不都合」。一説にはこれが形容詞化したのが「やばい」で、泥棒らが使う隠語だったようです。戦後に若者へと広がったとされており、こうしたことから嫌悪感を持つ方も少なくないのでしょう。

日本語学が専門の井上博文《いのうえひろふみ》・大阪教育大教授の学内調査では、1998年には自分にとって危険な状況を表す従来の用法だけでなく、不都合を感じる自分の気持ちや見方も「やばい」で表す例が見られました。これが2010年には、冒頭の例のように肯定的な場面でも多く使われています。05年の文化庁の調査でも、「とてもすばらしい」の意味で使うことがある16〜19歳は、男性約76％、女性約66％となっています。「客観的に危うい状態を表していたものが、話し手の否定的な心情や評価も表現するように変化した。やがて『やばいくらい幸せ』のように、否定的な心情表現を逆用して肯定的なことを強調する表現が生まれ、次第に肯定的な用法への違和感が薄れていったのでは」と井上教授。今や良しあし問わず心が動けば「やばい！」。感動詞のようにさえなっています。

似た例に「すごい」があります。元々の「すごし」は「ぞっとするほど恐ろしい」。これが次第に「ぞっとするほど美しい」など肯定的な場合にも使われ、現在は場面を問わず程度の大きいことを示します。「やばい」も今、こうした変化の真っ最中なのでしょう。

しかし「やばい」だけで、若者はきちんと意図を伝えられているのでしょうか。

（広瀬集）

●若者言葉の最前線

「やばい」でどこまで通じるか

引き続き、よい意味でも使われる若者の「やばい」という言葉を取り上げます。

東京・渋谷で10~20代の110人に聞いたところ、「何でも『やばい』。使いまくり」(高校1年女子)など、9割以上が肯定・否定の両場面で「やばい」を用いると答えました。「とりあえず心が動いたら『やばい』」(高3女子)、「テンションが高まると出る」(中学3年女子)と、良しあしより心の動きを重視する人も多く、「悪い意味では使わない」(高2男子)という声もありました。

会話中に意味が通じないことはないか尋ねましたが「表情や言い方で分かる」(高2女子)、「相手の性格で判断する」(大学1年男子)など、あまり気にしていない様子でした。

「やばい」の用法に関する研究がある岐阜大の洞澤伸《ほらさわしん》教授は「若者にとっては意味があいまいであるからこそ楽しい」と見ます。「やばい」で心の動きを相手に知らせ、察してもらってその気持ちを共有する。このことで会話が盛り上がり、仲間意識も高まる。大人が嫌悪感を持つのは、従来の用法ではないことの他に「若者が仲間内だけで盛り上がる雰囲気があるから」と洞澤教授。「使う場面と相手を考えて」と注意を促します。

大阪教育大の井上博文《いのうえひろふみ》教授も「『やばい』のみで終わらせず、続く言葉も大切に」。渋谷でも「やばい」をＬＩＮＥ《ライン》など文字だけで目にすると意味を取り損なうことがあるとの声があり、不便さも感じているようです。

ところで渋谷では、代わりの言葉がないかも尋ねましたが、多くが答えに窮し、「やばい」の浸透度の高さを感じました。一方、「最近は『つらい』『しんどい』を使う」（高３女子）との新種？にも出くわしました。「つらくなるほど心が揺さぶられる」ということのようです。周りと違う表現を求めるのが若者言葉。その最前線の一端を見た気がしました。

（広瀬集）

「○○すぎる」は新しいほめ言葉？

●「神戸なお店」って？

「天使すぎるアイドル」「青春すぎる漫画」。一風変わった「○○すぎる」という表現を最近よく見かけます。２００８年ごろ話題になった「美人すぎる市議」あたりからでしょうか。

「物事がある数量や程度を越える」の意味がある「すぎる」は、動詞の連用形や形容詞・形容動詞の語幹などに付けて使われます。日本国語大辞典は「それ以上になる。まさる」「適当な度合《どあい》を越える」と意味を説明し、三省堂国語辞典第7版は俗用として「(ほめて) ひじょうに……だ」を載せています。

「天使すぎる」と名詞につなげたり、「好きすぎる」とほめる際に用いたりするのには、違和感を持つ声も聞かれます。「遅すぎる」「目立ちすぎる」のように、本来は好ましくない状況に使う言葉との印象を持つ人が少なくないようです。

また、「美人すぎる市議」のように容姿と関係がないのに職業名と結びつける使い

郵 便 は が き

切手をお貼りください。

102-0071

東京都千代田区富士見一―二―十一
KAWADAフラッツ一階

さくら舎 行

住 所	〒 都道府県		
フリガナ		年齢	歳
氏 名		性別	男 女
TEL	( )		
E-Mail			

さくら舎ウェブサイト www.sakurasha.com

愛読者カード

ご購読ありがとうございました。今後の参考とさせていただきますので、ご協力をお願いいたします。また、新刊案内等をお送りさせていただくことがあります。

【1】本のタイトルをお書きください。

【2】この本を何でお知りになりましたか。

1.書店で実物を見て　2.新聞広告(　　新聞)
3.書評で(　　)　4.図書館・図書室で　5.人にすすめられて
6.インターネット　7.その他(　　)

【3】お買い求めになった理由をお聞かせください。

1.タイトルにひかれて　2.テーマやジャンルに興味があるので
3.著者が好きだから　4.カバーデザインがよかったから
5.その他(　　)

【4】お買い求めの店名を教えてください。

【5】本書についてのご意見、ご感想をお聞かせください。

●ご記入のご感想を、広告等、本のPRに使わせていただいてもよろしいですか。
□に✓をご記入ください。　□ 実名で可　□ 匿名で可　□ 不可

方には、読者から「この職業の人たちは美しくあってはならないという前提がある表現と感じる」との意見もいただきました。

大阪大学の由本陽子《ゆもとようこ》教授（理論言語学）によると、形容動詞にもなる名詞とつながるのは、「幸せすぎる」のように以前からあり、規則から逸脱したものではないといいます。違和感を生むのは、「形容動詞になり得るような性質を表す名詞なのかの判断に、個人差があるからでしょう」。

「天使」などに「すぎる」が結合する場合は、その名詞に何らかの特別な性質の要素を見いだしているといえます。由本教授は、「神戸らしさ」の程度を表す意味をこめて本の題名に「神戸なお店」と付けるような現象と同じだと説明します。

新しい「すぎる」の使い方からは、感情が動いたことを訴えたい思いも感じます。自身が受けた衝撃を、ネット上などで強調して伝えようとする時代特有の表現ともいえそうです。

（松本理恵子）

「違《ちが》くて」はどこで生まれた？

●100年の歴史のルーツ

「違《ちが》くて」「違かった」「違くない」。こんな言葉に触れる機会が増えていませんか？読者から、「そうではなくて」などの意味で使われるこうした語に違和感がある、という声が寄せられています。

周りに聞くと、特に抵抗なく使っているという人と、何か引っかかりを感じるので使わないという人に分かれました。「書き言葉では使わないが話し言葉で使う」「ツイッターなど、ネット上のやりとりでもよく見かける」という人もいました。

「違くて」などの表現には、そもそも動詞の「違う」を形容詞のように活用させて使っている、という特徴があります。これが、違和感を生む原因になっているようです。

「問題な日本語」（北原保雄《きたはらやすお》編）によると、動詞の「違う」は、たとえば「AはBと違い、優秀だ」など、もともと「違い」という形でよく使われていたといいます。

「白い」や「長い」といった形容詞と同じく「い」で終わる形をしていて、使われ方も形容詞に似ていたため、形容詞のように活用させて使われるようになったのではないか、と説明しています。

竹林一志《たけばやしかずし》・日本大学教授（日本語学）は、動詞「違う」の「他のものとは異なる」という意味が極めて形容詞に近いことが、「違くて」「違かった」などの活用が広がった理由として重要だと考えています。「本来は動詞である『違う』という語自体が、無意識のうちに形容詞として扱われるようになったのかもしれません」

では、この「違くて」などの語はどこで生まれたのでしょう。言語学者の井上史雄《いのうえふみお》さんの著書「日本語ウォッチング」は、100年ほど前に東北で使われはじめ、そこから北関東、東京と伝わり、その後広く使われるようになった、とします。

最近の若者が作ったはやり言葉かと思いきや、実は違って、なかなか歴史があるのですね。

（市原俊介）

「死語の世界」から

●標準語終話ワード8、方言終話ワード22

「バイビー！」。２０１７年9月まで放送されたテレビドラマ「過保護のカホコ」で使われた別れの際の言葉が、視聴者の間で話題になりました。

バイビーは１９８０年代にお笑い番組などで使われ、若者を中心に流行しました。「現代用語の基礎知識」（自由国民社）は、83年版の「若者用語の解説」の項で「バイバイ・ベイビーの短縮」と紹介しています。

しかし、バブル崩壊の頃から使われなくなり、「死語」ともされました。いま、国語辞書などで探しても見当たりません。

ＮＴＴドコモは17年5月、事前に設定された「終話ワード」を言ってスマートフォンを耳から離すだけで自動的に電話が切れるサービスを始めました。耳に当てると通話が始められる機能などと合わせ、「スグ電」というサービス名を付けています。

終話ワードは30種。「じゃあね」「バイバイ」など標準語終話ワード８種と、北海道の「したっけ」、関西の「ほなね」、九州の「ならね」といった方言終話ワード22種がありますが、標準語終話ワードの一つに「バイビー」が入っています。

なぜ最新のサービスに採用したのか。ドコモで企画した川村哲《かわむらさとる》さん（41）に伺うと、46歳の筆者には予想外の返答でした。

終話ワードを選ぶため、ふだん使われそうな語を挙げて利用者に調査したら、「じゃあね」と「しつれいします」がトップ2。ただ、「バイビー」も調査項目に含めてみたところ、「使う」と答えた世代が年配より10～20代の方が高く、ギャル語（若者言葉）として最近使われていると分かったそうです。

「高年齢層の方にもこのサービスを使ってもらえればと項目に入れたのに、驚きました」と川村さん。地域別では関東で多く使われているようです。

「死語の世界」からよみがえって若者にまた使われ始め、スマホやドラマにも……。言葉の命って分からないものです。

（広瀬隆之）

「個人言語」という基準

●いつの時代も言葉は乱れている？

日々頂くメールやお便りで最も多いのは、「この言葉の使い方はおかしい、こう使うべきだ」という内容のものです。

例えば、「了解しました」は目上に使うべきではない、成果を収めることを「結果を出す」と表現するのは誤りだ、といった指摘です。慣用句などの場合には明確な誤りといえるものもあります。しかし、一方で判断が難しいのは、言葉のもつニュアンスや用法にまで立ち入って正誤をいう場合です。

そのような指摘は古来あります。例えば、約700年前、兼好法師《けんこうほうし》は「徒然草」で、日常の言葉遣いが嘆かわしいものになっていく、と書いています。さらに、「車もたげよ」「火かかげよ」と言うべきところを、近年は「もてあげよ」「かきあげよ」と言う、との老人の嘆きを紹介しています。

近くは芥川龍之介《あくたがわりゅうのすけ》が、「とても」は「かなわない」などの否定形を必ず伴ったのに、東京で「とても寒い」という用法が広まっている、と指摘しました。円地文子《えんちふみこ》も、「文章の中で『とても』を肯定に遣う気にはならない」と記しています。「とても良い」などは、今や当然のように使われますが、なじまないとされた時期もあったのです。

これらの例は、いつの時代も人は「現在は言葉が乱れている」と思っていたことを示しているのではないでしょうか。その正誤の判断基準になるのは、言語学で「個人言語」と呼ばれているものです。

私たちは、一人一人が日本語という言語の使い手です。しかし、世代や地域など、育った環境の違いによって語彙《ごい》の種類や数が異なりますし、言葉に関する知識や好みもまちまちです。これを個人言語と呼びます。

言葉の正誤の捉え方は、個人言語によるところが大きいということに、まず注意を向ける必要がありそうです。

それを踏まえたうえで、次に言葉のもつ公共性の側面から考えてみます。

（田島恵介）

数百年かけて変化する言葉

●「見れる」「出れる」が多数派に

前項で言葉の正誤をめぐる人々の判断には、それぞれの言語感覚がかなり反映していることを取り上げました。

しかし、そもそも言葉は、互いに考えや思いを伝え合うためのものです。広く一般に通じるか、相手に不快感を与えないか、などの視点が大事です。

ここ数十年、批判の対象になってきた「ら抜き言葉」を例に考えてみます。「ら抜き」の前兆となる現象は、実は江戸中後期に生じています。可能を表す「読まれる」「書かれる」などが、可能動詞の「読める」「書ける」に変化しました。これに影響されて「起きれる」「食べれる」などの「ら抜き」が出現したのです。

現在、「読める」に違和感を抱く人はいないかもしれませんが、「起きれる」に抵抗のある人はまだ多いでしょう。

大阪大学の岡島《おかじま》昭浩《あきひろ》教授（国語学）は「『言葉は変化するものだ』と主張する人が

いるが、違和感のある人が現にいる状況と、そうでない状況とを区別すべきだ」と言います。「ら抜き」の場合、文章や改まった場での発言では使わない方が、好印象を得られるはずです。

文化庁による2016年の調査で、「見れる」「出れる」を使う人の割合が、使わない人の割合を初めて上回りました。数百年の変化も最終段階に向かい、いずれすべての人が違和感なく受け入れることになるのでしょう。

ある言葉が変化しつつある時の「保守派」と「革新派」の態度について、岡島教授は次のように話します。「保守派は『文法に合わない』などと言い、革新派は『理にかなっている』と言う。いずれにせよ、自分の言葉の方がよいという考えが根本にあって、それぞれの主張はそれを理論武装しているだけだ」

互いに主張を押しつけ合わない寛容さが必要なのではないでしょうか。そうすれば、世代や地域を超え、意思の疎通が一層円滑になると思います。

（田島恵介）

「後ろ倒し」が急速に定着した理由

●先送りだとマイナスイメージ？

政府は2013年に大学生向けの採用活動の時期を「後ろ倒し」するよう求めました。これを受けて経団連が出した「指針」により、16年の就職活動は、例年より3〜4カ月遅いのが特徴です。企業が内々定を出すのも、これまでの4〜5月から8月以降にずれ込みます。

この「後ろ倒し」という言葉、最近は「前倒し」の反対の意味で使われることが多くなってきました。最初は強い違和感があり、「先延ばし」と書くべきだと思ったものでした。

「岩波国語辞典」の「前倒し」の項を見ると、「『繰り上げ』でも済むのに、一九七三年ごろに官庁俗語として現れたのが、広まった語」と注釈があります。国会議事録では後ろ倒しも79年に登場したので、政治家や官僚の「業界用語」だったのではないかと推察できます。

各辞典を見ると、「広辞苑」にはありませんが、「大辞泉」は既に見出し語として載せています。「三省堂国語辞典」は、２０１３年の編集作業中に「見出し語にしてはどうか」という案が出たものの、定着するか疑問だと見送りました。「前倒し」の項に反対語として紹介するにとどめたのですが、同辞典の編集委員・飯間浩明《いいまひろあき》さんは「その後急速に定着し驚いた」と話しています。

なぜ、政府が後ろ倒しという言葉を使ったのか、「就活『後ろ倒し』の衝撃」の著者、曽和利光《そわとしみつ》さんはこう分析します。「先送りだと、やるべきことをやらないというマイナスイメージがあるからでは？」

さて、16年の就活ですが、実は指針に縛られない外資系やベンチャー企業は、例年通りに採用活動を行い、もう内々定を出しています。学生たちは更に「後ろ倒し」の就活もしなくてはなりません。曽和さんは、政府の意図とは逆に、学生の負担がかえって重くなるのではないかと危惧しています。

（加藤順子）

ハイブリッドな「オワハラ」

●変な造語はお家芸？

大学生の就職活動が長期化した2015年、企業が内定を出す際に就活を早く終えるよう学生に迫ることが問題化しました。学生たちは「就活終われハラスメント」、略して「オワハラ」と呼んで反発しました。

学生の間に広く浸透し、「新語・流行語大賞」候補にもなりました。他方、声欄には「何でもカナの短縮語にすることに品位を疑う」との投稿がありました。ことばの広場欄にも「就活ハラスメント」ならまだしも、「終わハラ」では意味不明だという趣旨の意見が届きました。

確かに変な造語です。ただ、異質な物が混ざり合う、そのハイブリッドさに聞く者の耳をそばだたせる意外な力がある、とは言えないでしょうか。考えてみれば、音楽や映画のタイトルによく使われる手です。

アイドルグループＡＫＢ48のプロデューサー・秋元康《あきもとやすし》さんが作詞する楽曲は、まさにその見本。「大声ダイヤモンド」「涙サプライズ！」。一つ一つは平凡な言葉でも、それらが組み合わさって、忘れられないタイトルになっています。

かつて秋元さんに取材した際、同じくプロデュース・作詞を手がける乃木坂46の「ロマンティックいか焼き」という曲について「意外な組み合わせですね」と尋ねました。それに対し秋元さんは「レモネードはロマンチックだけど、イカ焼きはそうじゃない、なんてことはない。言葉の使い方は制限したくない」と語っていました。

日本は古来「和魂漢才」「和魂洋才」の国。食べ物だってカツ丼やあんパンがあるように、ハイブリッドはお家芸、と言ったら言い過ぎでしょうか。

さて、オワハラです。就活コンサルタントの坂本直文《さかもとなおふみ》さんは「売り手市場で内定辞退が相次いだ企業側に同情すべき面もあった」と語ります。就活は企業・学生双方に良い出会いとなるのが理想。「ハラ」が「オワ」ることを願います。

（中原光一）

「レジェンド」の活躍

●「ベテラン」や「鉄人」では物足りない

欧州を中心に好成績を収めるスキー・ジャンプの葛西紀明《かさいのりあき》選手。40代でも一線級の活躍に、数年前から海外メディアが驚きや敬意を込めて「レジェンド」と呼ぶようになりました。それが国内のメディアにも広がり、２０１４年には流行語大賞のトップテンに選ばれました。

２０１５年に引退した、プロ野球の山本昌《やまもとまさ》さんやサッカーの澤穂希《さわほまれ》さんも「レジェンド」とたたえられたように、日本では年齢を重ねても活躍し続ける選手を指す言葉として定着しつつあります。

一方、英語では本来「伝説」という意味ですが、オックスフォード現代英英辞典（電子版）では「人々に称賛される、ある特定の分野で非常に有名な人」という転用も挙げています。年齢の高い人物を指すことが結果的に多くなるものの、必須の条件ではないようです。大リーグ公式サイトには、20代後半で渡米したイチロー選手を

「かつてのパ・リーグのレジェンド」と呼ぶ記事もありました。

プロ野球とJリーグで05年と15年の開幕時を比べると、野球は40代の選手が2人から13人に、J1は35歳以上が9人から23人に、どちらも大幅に増えていました。トレーニングや栄養学などの研究が進んだことで、従来なら引退して当然の年齢でも「ベテラン」「鉄人」といった呼び方では物足りない活躍をする選手が現れるようになりました。その代表格の葛西選手によって海外からもたらされた「レジェンド」が、原語よりも限られた意味合いで受け入れられた、と言えそうです。

明治大学国際日本学部の田中牧郎《たなかまきろう》教授（日本語学）は「英語では運動選手を意味する『アスリート』が、日本ではスポーツの道に打ち込んで生きる人への尊敬を込めた語として普及した例と似ている。外来語には表現を生き生きさせたり、好印象をもたらしたりする効果もある」と指摘しています。

（金子聡）

トヨタの社内用語から広がった「見える化」

●「可視化」より人の心を動かす

「見える化」ということば、最近よく見かけませんか？

例えば「何に時間を割いているかわかりやすく示す」意味で「時間の使い方を見える化する」などと用いられます。

『三省堂国語辞典』第7版は、「ひと目でわかる形にあらわして、問題解決や業務の効率化に役立てる」という意味のほか、「情報をかくさず、何がおこなわれているかが、だれにもわかるようにする」という意味もある、としています。

このことばについて、言語学が専門の加藤重広《かとうしげひろ》・北大大学院教授は「漢語につくことが多い接尾語『化』が、和語の『見える』についているのは珍しい。文法的には違和感があるかもしれないが、それがインパクトを生んでいる」といいます。

柔らかな印象があり、日本人の情緒に訴える和語が入ることで、同じ意味で使われる「可視化」より、人の心を動かして実際の行動を促す力のあることばになっているとも指摘します。

この表現は、トヨタ自動車で生まれた、という説が有力のようです。トヨタ自動車の東京本社広報部は「工場などの生産現場で何か異常が起こっている時、誰にでも一目でそれがわかるようにし、問題解決につなげるといった意味で、1960年代にはすでに社内用語として使われていた」といいます。

2000年代に入ってからは、ビジネス分野だけでなく、行政やマスコミでも使われることが増えました。例えば、内閣府男女共同参画局は、ホームページで企業の女性管理職の割合などを紹介するコーナーに「女性の活躍『見える化』サイト」と名付けています。

加藤教授は「インターネットなどの発達で、今まで見えにくかった情報も表に出るようになった。透明性が求められる時代に合致したのが、社会的に広がった原因では」。今後も目を引くことばになりそうです。

（市原俊介）

スポーツ界発「ゾーンに入る」

●精神力やパワーも「ギアを上げる」

スポーツ記事には独特の比喩や言い回しが躍っています。後に意味が分かってきて、選手の精神状態や心境をよく理解できる言葉もあります。

最近よく目にするようになった言葉の一つが「ゾーンに入る」です。ほとんどの英和辞典では「ゾーン」をひいてみても地帯、地域などの意味しかありませんが、選手らは「力を百％以上出し切る究極の集中した状態」の意味で使います。日本語で言い換えると「無我の境地」でしょうか。

ゴルフの名選手デービッド・グラハムさんが著書（１９９２年邦訳）で使い広まったと言われます。81年の全米オープンで優勝した時、試合中のことを覚えていないほどの集中状態にあった自分をそう表現しました。

本紙記事データベースで調べると、紙面では２００８年ごろから登場します。例えば11年1月9日付記事では、サッカーワールドカップ南アフリカ大会で16強入りした日本代表について、当時の岡田武史《おかだたけし》監督が「ゾーンのような状態にチームが入った」と話しています。

「ギアを上げる」も、ここ数年目に付くようになった表現です。昔から陸上競技の記事では、ぐんぐん加速する時の表現として使われましたが、10年ごろから他競技にも広がってきました。スピードだけでなく、精神力やパワーのレベルを上げることにも使われ始めたのです。

15年からの約1年半、スポーツ面で「ギア」が使われたのは47回。うちテニス21回、野球19回、逆に陸上は3回だけです。

テニスの14年全米オープンで準優勝し帰国した錦織圭《にしこりけい》選手がインタビュー記事で、ギアについて「試合の中で2、3回は結構集中してやる。攻撃的になったり守ったり。メリハリをつける」と答えています。

錦織選手が要所で「ギアを上げ」て「ゾーンに入」り、4大大会初制覇をしてくれることを願っています。

（岩本真一郎）

ニュースが集まる「プラットフォーム」

●モンスターを作った新聞社の責任

フェイク（偽）ニュースがあふれたのは、「プラットフォーム」にも責任がある――。

私も企画に関わったフェイクニュースと新聞報道を考える催しが２０１７年４月にあり、ネットメディアに詳しい藤代裕之《ふじしろひろゆき》・法政大准教授が講演でこう語りました。

このプラットフォームとは、報道機関などが配信した様々な記事がまとめて読める、ヤフーやＬＩＮＥ《ライン》といったサイトやサービスのことをいいます。

プラットフォームという言葉は従来、自動車の車台や、鉄道の駅の乗降場といった意味で広く使われてきました。

一方、「人や装置が動く基盤」の意でも使われ、ＩＴ用語としてはウィンドウズなどの基本ソフトや、コンピューターそのものを指します。さらに「ニュースのプラットフォーム」といった使われ方まで広がってきました。英語では同じつづりですが、朝日新聞では駅などは「プラットホーム」、IT関連では「プラットフォーム」と区別して表記しています。

基盤や仕組みを先に作った企業は業界で影響力を持ちます。ネット界でも、方々からニュースが集まるプラットフォームへの関心が高まっています。

藤代さんはプラットフォームについて「いわばフリーマーケットの主催者。そこで買ったものを食べて客がおなかを壊したら、出店させないはずです。でもニュースの世界では、ウソが混じっていても読まれるから放置している」と話しました。

「プラットフォームというモンスターを作ったのは新聞社の責任でもある」とも藤代さんは指摘しました。多くの人に読んでもらおうと記事を提供しますが、「大事な記事だからこそ、自らの責任で読者に届けるという原点を見つめてほしい」。

誰もが情報を発信し、まとめられる時代。記事の正確性に関わる校閲記者として、信頼を集めるニュース発信の「基盤」とは何かを考えさせられました。

（桑田真）

サウナの次はロウリュ？

●フィンランド語由来の外来語

寒い日はサウナの熱さが心地いいです。「サウナ」は、もとはフィンランド語で蒸し風呂の意。同国では10人中9人が週に1度は入ると言われます。

サウナが日本で広く認知されたのは１９６４年の東京五輪のとき。選手村にフィンランド式サウナが造られて注目され、全国に広まっていきました。

在京の同国大使館広報部によると、各国の大使館にもそれぞれサウナがあり、東京のものには小池百合子《こいけゆりこ》都知事も国会議員時代に入ったそうです。

日本の温浴施設などで最近人気なのが、サウナ内でのサービス「ロウリュ」。これもフィンランド語で、熱気などを意味します。石を熱してアロマ水などをかけて蒸気を出し、「熱波師」とも呼ばれる担当者がタオルやうちわを振って蒸気を充満させて、お客の目の前で勢いよくあおいで熱風を送ります。

ただし、日本サウナ・スパ協会によると、日本のロウリュは厳密にいうと、ドイツ式の「アウフグース」に近いとのことです。石に水をかけて蒸気を出すところまでは同じですが、フィンランド式ではあおぎはしません。「日本では84年にロウリュとして登場しており、その呼び名のまま広まっていったのでは」と協会はみています。

熱波師が技を競う熱波甲子園も開かれています。運営に携わる「サウナ王」こと太《おお》田広《たひろし》さんは、「インターネットで新しい情報を得られることでサウナに行きやすくなり、相乗効果でロウリュを催す施設や熱波師も増えている」といいます。

日本にはフィンランド語由来の外来語があまりありませんが、２０２０年の東京五輪のころには、サウナのようにロウリュも日常語として定着しているかもしれません。

（高口信孝）

若者ことばの「きもい」、方言にも

●「靴が『きもく』なった」も

岐阜県内の病院でのことでした。血圧を測るため腕にバンドを巻かれた患者が、病院スタッフから締め付け具合を聞かれて「きもい」と答えたそうです。「きもい」は「気持ち悪い」を略した若者ことばとして知られます。この患者も若者だと思われるかもしれませんが、実際は年配者でした。

患者が口にした「きもい」は、岐阜県や愛知県の方言だったのです。「きつい」「せまく窮屈である」を表します。患者が伝えたかったのは、バンドの締め付けがきついということです。

岐阜県の方言に詳しい岐阜大学教育学部の山田敏弘《やまだとしひろ》教授は「『きもい』は県内では南部で広く使われ、岐阜市でも50代以上の人は理解する」と話します。

岐阜市を含めた県南部に住む地元の人に、日常生活のどんな場面で使うのか尋ねました。

靴が履きにくくなった時に「靴が『きもく』なった」（50代）、洗ったセーターを着た時に「縮んだのかな？　少し『きもいわ』」（60代）。履物や衣服が小さく感じた時のほか、帯をゆとりなく締める時、座席や部屋の広さに余裕がない時などに思わず口にすると言います。

一方、若者ことばの「きもい」は、いつごろから使われ始めたのでしょうか。1979年の「週刊朝日」（シリーズ学園用語の基礎知識）、さらに80年版「現代用語の基礎知識」に最新の若者ことばとして取り上げられています。この後、全国に広まったと推測されます。

「今では成人した子どもたちが小学生の頃、気持ち悪い意味で『きもい』をよく使っていました」。こう話す地元の女性（50代）は、若者ことばの「きもい」に違和感を覚えてからは、方言の「きもい」を使わなくなったと打ち明けます。

偶然にも同音になった、方言と若者ことばとの巡り合い――。方言よ、若者ことばに負けるな、とエールを送りたくなってしまいます。

（佐藤司）

急速に広まったＬＧＢＴ《エルジービーティー》

●性的少数者を知るきっかけに

最近よく聞くＬＧＢＴという言葉。「性的少数者の総称」としばしば説明されます。Ｌは女性を好きになる女性を示す「レズビアン」、Ｇは男性を好きになる男性を示す「ゲイ」、Ｂは同性も異性も好きになる「バイセクシュアル」、Ｔは生まれた時の体の性別と違う性で生きる「トランスジェンダー」の頭文字です。

１９９０年代に欧米で使われ始め、朝日新聞に初めて登場したのは２００４年。米国の活動家の発言を引いたものでした。このころ日本では一般にはほとんど知られておらず、07年に経済誌が特集を組み、13年に大阪市淀川区がＬＧＢＴ支援宣言を出したころから広まりました。２０１５年に東京都渋谷区の同性パートナーシップ条例が大きく報じられたこともあり、ここ1年で紙面での使用は約3倍に急増しています。

性的少数者に関する企業研修などを行うＮＰＯ法人「虹色ダイバーシティ」の村木《むらき》真紀《まき》代表は「『性的』という言葉を使うだけで企業では今でも警戒される。イメージのついていない新しい言葉が求められたのでは」と話します。

性文化史研究者の三橋順子《みつはしじゅんこ》さんは「もともと、性的少数者といえばＬとＧと認識されていた。ＢもＴもすくい上げる言葉としてＬＧＢＴが生まれた」。四つのコミュニティー同士の連帯を示す言葉だといいます。

ただ、性的少数者には、同性も異性も好きにならない「アセクシュアル」や自分を男女どちらとも思わない「Ｘジェンダー」など様々な人がいます。ＬＧＢＴと呼ぶことで、自分は含まれないと感じる人もいます。

村木さんは「ＬＧＢＴでは漏れがある。ただ、性的少数者のイメージが湧かない人が多い現状では、ＬＧＢＴの説明をして、その他にも色々な人がいると話す方が分かりやすい」。最良の表現ではないものの、性的少数者のことを知るきっかけとして使用しているそうです。

（青山絵美）

「ウルトラC」の時代

●ウルトラマン誕生の原点？

森友学園や豊洲市場の問題を伝える記事で、「ウルトラC」という言葉に久しぶりに出合って驚きました。とっておきの秘策とか現状を変える大逆転技というような意味で使われているようでした。この「C」はどこからきているのでしょうか。

朝日新聞のデータベースでウルトラCが記事の見出しに登場するのは、1964年の東京五輪が開幕する半年前の同年4月。日本の男子体操チームが秘密練習で考案した技を認めてもらうために、欧州遠征で披露するという記事でした。ウルトラは英語のultraで、他の語の前について「極端に」「超」の意味を表します。当時、体操の技はABCの3段階に分かれていて、Cが最高の難度でした。そのCを超越する技がウルトラCなのです。

東京五輪で金メダルを獲得したことで流行語になりました。日本国語大辞典では「(比喩的に)難しいことを見事にやりとげること。ものすごいこと。最高であること」と説明されています。

66年に始まる特撮テレビ番組「ウルトラQ」は、ウルトラCが流行語になったことで番組名が「アンバランス」から変更されました。当時の監督の一人は「そのままなら、あとでウルトラマンという名前のヒーローは生まれなかったかな」と朝日新聞紙面で語っています。

Cが最高だったとき、男子体操は五輪や世界選手権で金メダルを競っていました。その後、新しい技に対応するため85年にD難度が設定され、現在はIまで上がっています。一方で、今でもウルトラCの語が生きているのは、Cが最高難度を指した期間が長く、それだけインパクトが強かったからでしょう。

（松原雅己）

増える鉄道路線名を呼び分ける

●便利になるほど複雑に

行楽の秋、観光地に向かう人も多いでしょう。鉄道の旅にもいい季節。10月14日は「鉄道の日」です。

この日は1872（明治5）年、新橋―横浜間に鉄道が開業したことにちなみます。現在のJR東海道線にあたりますが、「東海道線」の呼称は東京―京都の東西の「京」を結ぶルート選定と関係がありました。

当初、候補に挙がったのは高崎（群馬）や塩尻（長野）を通る「中山道」に沿った経路。しかし、難所続きで多額の工費がかかることから、大磯（神奈川）や浜松（静岡）を通る「東海道」沿いの経路に変更されました。

先に開通した京都―大阪―神戸間などを合わせ、1889年に新橋―神戸間が全通。1909年に「東海道線」の名が告示されました。

ただ、東海道線は約590キロと長く、一口に言ってどのエリアを走る列車なのか分かりにくい面もあります。そこで近年、京都―大阪間を「京都線」、大阪―神戸間を「神戸線」などと新たな名で呼び分ける動きが進んできました。

一方、首都圏では直通運転化が進んで便利になる半面、呼称も複雑になっています。同じ東海道線の区間でも、東京―横浜間は「京浜東北線」、横浜―大船間は「横須賀線」の列車が並走。２０１５年には神奈川、東京、埼玉などを乗り換えなしでつなぐ「上野東京ライン」も開業しました。

都市政策に詳しい信州大の武者忠彦《むしゃただひこ》准教授は「乗客の行動域やニーズも多様化した現代、複雑化は避けられないが、鉄道各社も案内表示や放送で工夫を重ねている」と指摘します。

複雑さと便利さは表裏一体。サービス向上と合わせ、利用者の視点も反映させた名づけを求めたいものです。

（大屋史彦）

働く女性を「○○ガール」

●性別や年齢に関係ない呼び方を

出版社で働く女性が主人公のテレビドラマ「地味にスゴイ！校閲ガール・河野悦子」。２０１６年秋の連ドラから１年ぶりに、スペシャル版が９月に放送されました。私は２０１７年の春に入社した駆け出しの新聞校閲記者。連ドラのときはまだ大学生でした。

入社して半年、「リアル『校閲ガール』だね」と声をかけてもらうことがあります。うれしい半面、働く女性を特別視しているような感じも受けました。

「ガール」は、日本語では一般的に「少女」。ですが、日本国語大辞典では「ある仕事に従事する若い女性」「女性が社会に進出した昭和初期には多くその職業等を示す他の語と複合して用いられた」ともあります。「バスガール」「エレベーターガール」「ビジネスガール」などが典型でしょうか。

慶応義塾大学の小平麻衣子《おだいらまいこ》教授（日本近代文学・ジェンダー論）は、「働く女性を

『～ガール』と呼ぶ表現は、時代によって使い方が違っている」と話します。昭和期は外来語に付けて使われることが多く、時代の最先端をいく華やかなイメージの半面、「女性らしさ」を要求される職業だったとのことです。

しかし最近では、「校閲ガール」のほかにも、小説を基に2016年に放送されたドラマ「水族館ガール」など、漢語にも付けて、男性と同じ職場で等身大の生き方をしながら活発に働く女性を表現するケースを目にします。

とはいえ、働く女性を「～ガール」と呼ぶのは、昭和期と同じく「女性らしさ」を求める思いがうかがえる、と小平教授はみています。女性の社会進出は増えたものの、本来の業務とは別の仕事や役割を女性にだけ求める場面は、まだまだ無くなったとは言えません。

目立ちにくい職業で、性別にとらわれず新境地を開こうとする姿に光を当てる効果には期待します。でも一方で、呼び方は性別や年齢に関係ないものであればとも望みたいです。

（田辺詩織）

5

さらに磨きたい！日本語感覚

「懐の広さ」に特徴がある朝日新聞の文字

●5万枚の「原字」がもとに

今回は言葉や文章を紙面に表す文字のお話。かつては「活字」、コンピューター化された現在は「フォント」と呼ばれる、文字の書体についてです。

新聞によって文字のデザインに違いがあることをご存じの方も多いと思います。朝日新聞をはじめ独自のフォントを持っている社もあり、編集方針や記事内容のように個性があります。

朝日の書体は「懐の広さ」に特徴があると言われ、字の内側のスペースがゆったり広くなっています。また、少し横長の扁平《へんぺい》形です。どちらも、小さな文字を少しでも大きく見せて読みやすくするための工夫です。

朝日書体のデザインは、1950年代から60年代にかけて一字一字書かれた「原字」がもとになっています。原字とは約5センチ角の薄い紙に墨で書かれた文字のこと。書いたのは当時の活版部母型係の社員です。現在ならデザイナーと呼ぶのであろう4人の職人を中心に、明朝体・ゴシック体合わせて8書体、計5万枚書かれました。

当時はこれらの原字から金属製の活字を作っていました。70年代には電子データ化されたフォントが作られるようになりました。原字を1枚ずつ撮影して白黒の点（ドット）のデータとしてコンピューターに取り込み、手作業で墨のかすれた部分などを補正しました。フォントが朝日新聞紙面で使われ始めたのは、80年9月のことでした。

さらに改良は進み、ドットの集まりであったビットマップフォントから、現在は輪郭をなめらかな線で表すアウトラインフォントになっています。

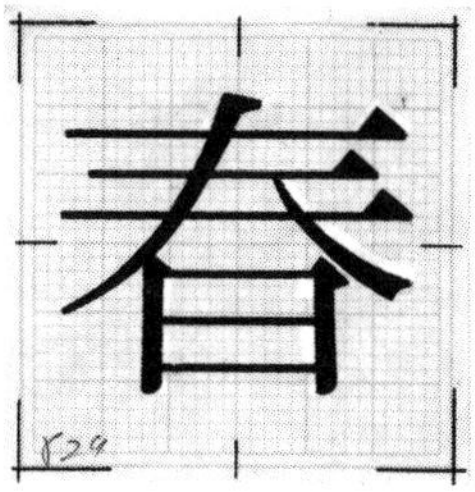

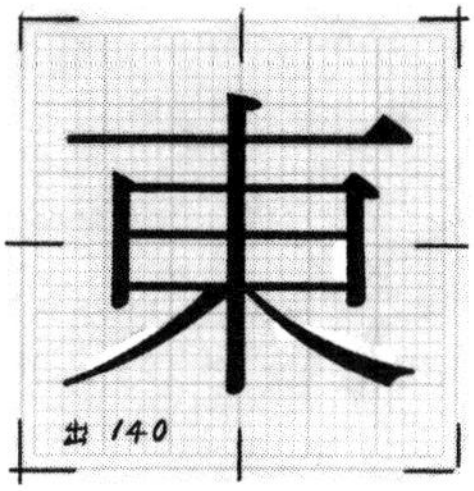

原字は今でも文字コード順に並べられ、大切に保管されています。作字をする際など文字の形に迷った時、手本にするのはやはり原字なのです。（中井晶子）

国語辞典をどう選ぶ？

●新語収録や解説に個性

4月の入学、進級からしばらくすると、授業も本格化し、電子辞書を含め国語辞典の買い替えや新たな購入を検討中の方もいることでしょう。「国語辞典なんてどれでも同じ」と思われがちですが、実はそれぞれに個性を持っているのです。

例えば、「三省堂国語辞典」は新語の収録に積極的です。近年よく使われる「目《め》力《ぢから》」を例にとると、他社の主要な紙の辞典より早く、2008年の第6版で「目の動きや目もとで、人をひきつける力」の語釈で掲載。14年の第7版では、使用が一般化したと判断して「俗語」の注記を外しました。

三省堂によると、新語を収録するだけでなく、言葉が現在どう使われているかも重視する編集方針を取っています。ハーモニカを「ハモニカ」とする表記には「古風」の注を入れたり、「ウオツカ」の表記を「ウォッカ」に変えたりしています。

文法的な解説や細かな表記・表現の違いなど、言葉を使う時の手引となる情報が豊富なのは「明鏡国語辞典」（大修館書店）です。「問題なことば索引」という95ページの別冊には2千項目以上の誤用や気になる表現がまとめられており、その解説が書かれている辞典本体のページ数が出ています。また、お散歩・ご利用などの「お・ご」の用法に1ページを割いて解説するなど、意外と迷いがちな身近な言葉の使い方も詳しく載せています。

大修館書店によると、中高生や日本語学習者が、言葉を使う時の指針となるように作っているとのことです。

これらのほかにも、国語辞典の代名詞とも言える「広辞苑」（岩波書店）は、古語や専門用語を豊富に載せており、古い時代の意味から並べているのが特徴です。50万語を収める全14巻の「日本国語大辞典」（小学館）を時には引いてみてもいいかもしれません。出典を示した用例が豊富に載っており、大きな図書館に行けば見られます。

（大月良平）

野球用語、日米の違い

●日本のデッドボールはヒットバイピッチ

「連日ナイターで熱戦が続くプロ野球の日本シリーズ。第1戦はソフトバンクのオーバースロー右腕、武田が完投勝利」

この文章に野球の母国の米国人は首をかしげるはずです。「オーバースロー」は米国では高くそれた暴投を意味するからです。上手投げなら「オーバーハンド」「オーバーアーム」です。

日本の野球用語には和製英語と言うべき言葉が多数あります。米国人にも意味が推測できるものもありますが、別の意味を持つものや全く通じないものも。「ベースボール英和辞典」編著者の佐藤尚孝《さとうなおたか》さんに、日米の用語の違いを聞きました。

「ナイター」は和製英語で、「ナイトゲーム」が本来の英語だとする辞書もありますが、米国でも俗語でナイターと言うことがあるそうで、日本から米国に渡った言葉だという説もあります。夕方から夜にかけて2試合行うダブルヘッダーは、トワイライト（薄暮）とかけて「トワイナイター」と呼びます。

「デッドボール」はプレー続行中ではない球や、飛びの悪い球を意味し、米国では死球とは理解されません。死球は「ヒットバイピッチ」と言います。

「タッチアウト」「タッチアップ」は米国ではそれぞれ「タッグアウト」「タッグアップ」。「タッグ」は鬼ごっこ、鬼がつかまえる、の意味です。

一方、「ゴロ」は「ごろごろ」が由来の日本語のようにも思えますが、米国の用語の「グラウンダー」の音が転じた可能性が多分にあります。

新しい用語はどうなるのでしょうか。ボールが微妙に変化する「ツーシーム」が紙面に初登場したのは本紙記事データベースによると1998年、当時ヤンキースの伊《い》良《ら》部《ぶ》秀輝《ひでき》投手の記事。「シームは縫い目」などの説明つきでした。大リーグ情報が豊富になった現在、ツーシームのように米国の用語が日本でもそのまま使われていくだろうと佐藤さんは考えています。

（関谷修）

ブイヨンとコンソメの違いは？

●「だし」か「スープ」か

カレーやシチューなど洋風の煮込み料理を作るとき、味に深みを出すのに使う洋風調味料。主なものではブイヨンとコンソメがあります。カレーを作るときなど、「どちらを使ったらよいのか」と悩んでしまいます。

レシピ本などには「固形スープのもと」「洋風だしの素」などと表記されるだけのこともよくあります。同じような形状に似たような味。両者の違いとはどういったものか、調べてみました。

平凡社「世界大百科事典」や白水社「フランス　食の事典」によると、ブイヨン（bouillon）は「沸騰する」という意味のフランス語 bouillir（ブイール）に由来し、肉と野菜を水から煮出したもので、日本の「だし」にあたります。

一方、コンソメ（consommé）は、ラテン語 consummare（合計する）が語源のフランス語 consommer（コンソメ、完遂する）の派生で、「完成された」という意味。

ブイヨンに肉や香味野菜、香辛料、さらに卵白を加えて煮込み、アクや油などを取り除いて作る、きれいに澄んだスープのことです。

スープに仕上げる上でポイントとなるのは、卵白を入れる点にあります。熱によって凝固する卵白の性質を利用してアクなどを取り去り、透明に仕上げるのです。

「マギー」ブランドでブイヨンとコンソメの両方を製造・販売しているネスレ日本・コーポレートアフェアーズ統括部の嘉納《かのう》未来《みき》さんによると、市販品のコンソメは、そのままお湯で溶いてスープとして飲めるのに対し、ブイヨンはそのままで飲むには向かないといった差があるとのことです。

ただし、これはスープとして飲んだ場合のことで、料理の調味料として使う分にはどちらも大きな違いはないそうです。これからは料理の前の買い出しで、どちらにしようかと悩まなくても済みそうです。

（藤井秀樹）

車両記号の「イ」が復活

●「イ」にふさわしい特別な列車

夏休みを迎え、帰省や旅行に鉄道を使う機会が増えることと思います。

ＪＲの在来線の車両には「サロ」「クハ」といった記号が書かれていることを知っていますか？　このうちロやハは座席やサービスの水準を示します。かつては、イロハの順で付いていましたが、イは長い間使われていませんでした。それが、２０１３年、国鉄・ＪＲとしては半世紀ぶりに復活しました。その豪華さが話題になったＪＲ九州の寝台列車・ななつ星ｉｎ九州の車両に付けられたのです。

日本に鉄道が導入された明治前期、座席は上・中・下等でした。上等は要人などごく限られた人しか乗れず、庶民は下等を使いました。その後、「官設鉄道にては客車及び切符上等中等下等の名称を一等二等三等に改めたり」と１８９７年11月18日付東京朝日新聞が報じているように、1～3等に変更されました。これとは別に、１等から順にイ、ロ、ハの記号を便宜的に付けて管理するようになりました。

戦後、１等の利用者が減ったことや、欧州諸国が２等制になったのを受け、１９６０年に営業運行する車両からイはなくなりました。代わりに従来の２等を１等、３等を２等に格上げし、それぞれロ、ハと呼ぶことにしたのです。69年には、１等をグリーン車、２等を普通車とし、これが今に続いています。

列車の等級は時代とともに簡素化されてきましたが、現代では豪華さを売りにした車両が逆に増えつつあります。

内装にヒノキや有田焼が使われ、バーではピアノの生演奏も。「『イ』の記号にふさわしい特別な列車です」とＪＲ九州が誇るななつ星は、「九州観光のシンボルに」との願いをのせ鉄路を走ります。

（大屋史彦）

ノーベル賞の名称に違い

●医学が先か、生理学が先か

2016年10月、大隅良典《おおすみよしのり》さんのノーベル賞受賞のニュースが掲載された在京の朝刊6紙を見比べました。朝日の賞の表記は「医学生理学賞」で、同じように医学を先にしていたのは3紙。2紙は「生理学・医学賞」と書き、生理学を先にしていました。

1世紀前の朝日は「野口英世博士　ノーベル賞金受領候補者」としています。賞金額の大きさに注目が集まったのか、はじめはノーベル賞金と呼んだようです。野口自身も手紙の中で何度かそう書いています。

昭和の初めに医学賞が見出しに登場し、戦後は医学生理学賞が多くなります。生物体の作用や機能を研究する生理学は、比較的新しいことばです。室町時代の国語辞書にも載っている先輩格の医学に先を譲った、ということでしょうか。

一方、この賞の対象は英語でPhysiology or Medicine（生理学または医学）で、これはノーベルが遺言に書いた順です。生理学が先なのは、①感染症の病原体が細菌やウイルスだと分かってきた当時、生理学が医学の最先端だった②親交のあった生理学者がノーベルに生理学を先にするよう進言した、などの説があるようです。

ノーベル博物館に尋ねたところ、「多くの人は、生理学者のＪ・Ｅ・ヨハンソンが賞のアイデアをノーベルに吹き込んだと考えている。ただし、ノーベルは遺言について秘密主義だったため、真相は分からない」。

物理学、化学、医学生理学……。授賞式の壇上には、遺言に書かれた順にいすが並べられます。それでは、各受賞者の発表順が、大隅さんの医学生理学賞からだったのはどうして？

「医学生理学の受賞者を選ぶための投票が、伝統的に他の賞よりも早いため。順番は最重要ではなく、すべての賞は平等に重要だ」と同博物館員。

医学と生理学の順も、最重要ではないのかもしれません。

（菅井保宏）

五輪の選手宣誓に時代の移り変わり

●スポーツマンシップ、チームの名誉、アンチドーピング

「我々は……競技規則を守り、騎士道精神にのっとって、祖国の名誉と競技の栄光のために戦う」。五輪史上初めて読み上げられた選手宣誓の言葉です。１９２０年、第7回のアントワープ大会で、現地ベルギーのフェンシング代表選手が右手を挙げて誓いました。

五輪の選手宣誓は、高校野球とは異なり、宣誓する選手が自分で内容を考えるわけではありません。以前はオリンピック憲章で、現在は伝統を守りながらも大会ごとに作られる細則で定められています。

第7回大会と現在の宣誓とを比べると、3カ所大きな違いがあります。

まず、30年ごろの改訂で「騎士道精神」が「スポーツマンシップ」に変わりました。詳しい経緯は分からなかったのですが、騎士道という一部の地域のみで使われる、時代がかった言葉が、現代的な文言に改められたのだろうと推測されます。

次に、62年の改訂で「祖国の名誉」が「チームの名誉」に変わりました。スポーツ史が専門の黒須朱莉《くろすあかり》・びわこ成蹊スポーツ大学専任講師によると、当時の国際オリンピック委員会では、五輪の過剰な愛国主義が問題になっていたそうです。ハンガリー動乱などによる東西対立で、56年メルボルン大会を複数の国がボイコットしたことや、一方で同年冬季大会で東西ドイツが統一チームを作ったことが背景にあります。

三つ目は、2000年から「ドーピングを行わない」という内容が加わったことです。98年のツール・ド・フランスで大規模な不正が発覚するなど、国際的問題になった時期でした。

このように、選手宣誓で語られる言葉を見ると、時代の移り変わりとスポーツ界の事情を映していて興味深いものです。

（大月良平）

押しピンと画びょう

●日用品の名前に地域差

大阪で生まれ育った私。東京に住んで5年ですが、語尾や発音だけでなく何げなく使う日用品の呼び方が実は関西特有と知り、驚くことがあります。

最近驚いたのは、私が「画びょう」を指して使っている「押しピン」という言葉を「東京では使わない」と言われたこと。もちろん画びょうという言葉は知っていますが「押しピンの正式名称」と思っていたのです。辞書を見ると押しピンは「西日本方言」「関西での表現形」とされていることが多く、掲載していないものも。「平らな金属が付いてるのが画びょう、プラスチックが押しピンじゃないの？」と話す同僚もいました。

2択の質問に答えてもらい出身地を当てる「方言チャート」をウェブで公開している篠崎晃一《しのざきこういち》・東京女子大教授（方言学）によると、2013年の公開当初は出身を東西に分けることを想定した「押しピン」の設問がありましたが、東日本出身でも「使う」の回答が多かったため、設問から外したそうです。金属製とプラスチック製があることから同僚のように「画びょう／押しピン」と使い分ける人もおり、実は方言から抜け出しかけているのかもしれません。

日用品の名前でも地域差が出ることについて、篠崎教授は「物のどこに着目するかによって呼び名に違いが生まれるのではないか」と言います。

たとえば救急ばんそうこう。関東・関西などでは「バンドエイド」と呼ぶ人が多いですが、北海道などではサビオ、九州などではリバテープと呼ばれることも。いずれも地元で根付いた商品名が定着しています。押しピンは形状や使い方に着目した例かも知れません。

地元を出て初めて「方言だった」と気づくことはたくさんあると思います。そしてそれに気づいた時に、同じ呼び方の人に対してふと感じる親近感。この温かさが方言の良さではないでしょうか。

（梶田育代）

「地方」と呼ばれて

●東京との「上下の差」に反発

「地方」と聞いて、どこを思い浮かべますか。大阪や名古屋、福岡は含まれますか。京都や大阪の大学を含めて「地方の大学」とした記事に、関西出身の同僚から「『関西や地方の大学』と書くべきでは」と声が上がりました。「大阪、京都は『地方』じゃない」と。

「新明解国語辞典」では、①土地を何かの基準で区分した、それぞれの地域②首都およびそれに準ずる大都市以外の土地、いなか③地方公共団体、とされています。問題となるのは②の意味です。大阪は「首都に準ずる大都市」ですから、地方ではないことになります。京都は感じ方に個人差がありそうです。

地方創生の基本政策を定めた「まち・ひと・しごと創生法」にも、明確な定義はありません。ですが、政府の創生本部によると「東京圏以外」の意味で使うことが多いそうです。東京圏とは東京、神奈川、埼玉、千葉の1都3県。となると大阪も地方に含まれてしまいます。

自分の住む土地や出身地が「地方」と言われて反発を感じることがあるのは、なぜでしょう。それは、語義にとどまらず、東京との「上下の差」を感じるからではないでしょうか。

東京とその他の経済力の差が広がり続けているのは確かです。でも、「中央は東京だけ。それ以外はぜんぶ地方」というのでは、街を評価する基準は経済力の他に何もないと言わんばかりです。そんな「一強多弱」の現状に、異議をとなえたくなるのではないでしょうか。

関西のタウン誌「ミーツ・リージョナル」の元編集長・江弘毅《こうひろき》さんは「関西に限らず、街や人、文化は多様で、十把一絡げにはできない。違いを面白く感じる気持ちがあれば、どっちが上かなんて考えなくなる」と言います。

鉄道も通っていない田舎育ちの私も「地方」と呼ばれるたびに複雑な思いがありましたが、勇気づけられる思いがします。

（薬師知美）

商標登録をめぐって

●「UDON」の場合

2016年3月、スペイン・バルセロナで元Jリーガー・石塚啓次《いしづかけいじ》さん経営のうどん店が、看板やネットで「UDON」の言葉を使えなくなり話題になりました。03年に「UDON」を商標登録していた同国の会社から、商標権の侵害だとされたのです。

商標名に認められた権利は強力です。普通名称と混用され、財産的価値や独占性が損なわれないよう、尊重されます。新聞社でも言い換えています。例えば「味の素」を「うまみ調味料」と書く場合などです。

でも、なぜ「うどん」が商標名になるのでしょうか。弁理士で金沢工業大客員教授の栗原潔《くりはらきよし》さんは「商標制度は属地主義で、その判断は国ごとに異なる。消費者に普通名称と認識されていなければ登録されてしまうこともある」と言います。

つまり、「うどん」という言葉は日本では普通名称ですが、スペインではそうではないと商標権を管轄する役所が判断したわけです。

うどんと商標を巡っては、台湾でも争いが起きました。07年に「讃岐」を商標登録していた台湾企業の抗議で、台北市のうどん店が「讃岐うどん」の看板取り下げを余儀なくされました。同店の日本人経営者は台湾当局に審判を起こし、10年に登録無効の決定が出されました。

日本では逆に登録商標が普通名称だとされた例もあります。「うどんすき」の商標を持つ老舗が、似た商標を持つ業者を訴えた裁判で、１９９８年、最高裁は「長年使われ、すでに普通名称になっている」と判断し、敗訴しました。いわば、「うどんすき」という言葉は、既にみんなのものとなっている、とされてしまったのです。

スペインの石塚さんは、看板から「ＵＤＯＮ」の言葉は削りましたが、「美味《おい》しいうどんを提供し続けることが自分の役割」とブログに書きました。逆境にも負けず、日本の味をスペインで作り続ける決意です。


（上田孝嗣）

「ハーフ」は和製英語

●偏ったイメージに配慮が必要な表現

2015年、ミス・ユニバース・ジャパンの優勝者が例年以上に注目を集めました。大会史上初めて、いわゆる「ハーフ」の女性が日本代表になったためです。その宮本エリアナさんは母が日本人、父がアフリカ系米国人。生まれも育ちも国籍も日本ですが、学校では肌の色を理由にいじめられ、代表に選ばれた際も「本物の日本人じゃない」「代表にふさわしくない」と心ない批判を浴びたそうです。同年7月14日付朝日新聞「ひと」欄にも登場し、「ハーフへの偏見をなくしたい」と語っています。

「ハーフ」は英語の half（半分）から来た言葉ですが、国籍や人種の異なる両親の間に生まれた人を指す使い方は和製英語とされます。当事者にも広く使われていますが、「日本人として半人前と言われているようだ」と嫌がる人もいます。朝日新聞の「声」欄にも、二つの文化を受け継いでいることにもっと自信を持てる呼び方に変えられないか、という意見が寄せられています。

戦後、進駐軍の軍人を父に持つ子どもは「混血児」などと呼ばれて差別された歴史があり、今のように憧れも込めて「ハーフ」と呼ばれるようになったのは１９７０年代から。ハーフのアイドルグループ「ゴールデン・ハーフ」が人気を博し、芸能やスポーツの分野で活躍する人が増えたことで印象が変わったようです。

こうした経緯から、「ハーフ」と聞くと、テレビで見る「白人系の顔で英語もぺらぺら」の芸能人を思い浮かべる人が多いかもしれません。しかしこうした偏ったイメージがあることで、それに当てはまらない人は疎外感や差別に苦しんでいる、と本やブログに体験をつづる当事者もいます。

そもそも「ハーフ」だからとひとくくりにし、特別視すること自体が国際化の流れにそぐわない面もあり、配慮が必要な表現だと言えます。

（細川なるみ）

隠語化される差別

●人として使えない言葉

「『がいじ』って、どういう意味?」。数年前、東京都内の小学校4年生だった長男から尋ねられました。友達をからかう時などに言うようでした。

当時の担任の先生に聞くと、「教員の前では使わない言葉。最初は私も意味が分かりませんでしたが、ほとんどの子も分かっていませんでした」。

調べてみると、この言葉はかなり前から使われていました。朝日新聞では1988年、都内の中学校教員からの投書にありました。生徒がよく使っていると紹介し、こう続けます。「大変いやな、耳ざわりな言葉です。なぜなら『身体障害児』を縮めて言ったものだからです」

「うろ覚えですが、40年ほど前に京都市で小学生が使うのを聞いた」と話すのは、俗語に詳しい梅花女子大学の米川明彦《よねかわあきひこ》教授です。この言い方について、障害児を自分たちとは異なる者、劣る者ととらえた時、新しい言葉をレッテルのように貼りつけ、蔑視する気持ちを表そうとしたもの、と説明します。

「その際、何のことかばれないよう、『障』の字を省略して、がいじという不快な隠語が作り出されたのです」。ある言葉の頭の部分を略すのは「上略」といい、元の語が何か分かりにくくする方法だそうです。例えば、(友)ダチ、(暴走)ゾクも、かつては仲間内でしか通じない隠語でした。

最近は障害とは関係なく、何か物事に失敗した自分を「今の俺、がいじ入ってた」と言ったりもしているようです。

子どもたちの間で広まっていることを問題視した福岡県糸島市教育委員会では2015年、この言葉に絞った指導の手引を小中学校の全教員に配りました。指導主事の武田《たけだ》巨史《おおし》さんは、障害者みたいなものだという発言には、障害者は自分よりも下だという差別の心があると指摘します。「人として使えない言葉だということを伝えていきたい」と話しています。

（菅井保宏）

キュレーションサイトをどう見極める？

●「まとめサイト」問題

健康医療情報サイトの公開中止問題で注目される「キュレーションサイト」。旬の話題やニュースを集めて作られ、「まとめサイト」とも呼ばれます。

校閲の仕事では、誤字脱字などの点検だけでなく事実確認も重要です。官庁や企業の公式サイトなど信頼できる情報源を探すネット検索は欠かせません。

しかし最近、検索するとキュレーションサイトが表示されることが多く、当事者が発信した公式情報にたどりつきにくくなりました。これらのサイトは文体が伝聞調だったり、転載自由のフリー素材の写真が使われたりしていて、正確な事実確認に堪えるものではありません。

キュレーションとは情報などを特定のテーマに沿って集めること。従来は博物館や美術館などの学芸員を「キュレーター」と呼び、「オックスフォード英語辞典」はフランス語やラテン語の「世話する」意味の言葉から派生したとしています。英語の

「キュア（癒やす）」も同じ語源とされ、医療系サイトで問題が発覚したのは皮肉です。

キュレーションのネット分野での使われ方は、多くの情報を取捨選択して提供する姿を学芸員になぞらえたもの。でも実際はほとんど専門家が手がけておらず、情報を手軽に得られる利点の一方、正確さでは学芸員のような仕事には及びません。

こうしたまとめサイトが増える背景には、自身が作ったサイトを検索サイトに出る結果の上位にしようとする「検索エンジン最適化技術」の普及や、多くのビューを集めてネット広告の収入を得ようとする個人が増えてきたことが挙げられます。

「誰でも発信者になれる」から「誰でも広告収入を稼げる」時代になり、ネット情報の見極めが難しくなりました。来館者の疑問や関心に応える学芸員のように、情報を伝える新聞社が信頼されるキュレーターとして評価されるよう、校閲作業でも厳しく目を光らせています。

（金子聡）

注目のグランドスラム

●語源はトランプゲームに

2015年、全米オープンテニスの女子シングルスで、米国のセリーナ・ウィリアムズ選手のグランドスラム挑戦に注目が集まっていました。この年の4大大会のうち全豪、全仏、ウィンブルドンを制しており、達成すればドイツのシュテフィ・グラフ選手以来27年ぶり4人目の快挙です。

「グランドスラム（grand slam）」は、トランプゲームのコントラクトブリッジに語源があるとされます。13回の勝負に「すべて勝つ」と宣言し、実際に全勝することを指します。「総取り」を意味するスラムに「偉大な」のグランドがつき、達成困難な大勝利を指すようになり、さらにはスポーツの世界へと広がったのです。

テニスでは1938年、男子シングルスでドン・バッジが4大大会を制覇した時、自ら「グランドスラム」と呼んだのが最初。1年間で達成することを年間グランドスラム、複数年で達成するのを生涯グランドスラムといいます。テニスでは4大大会自体をグランドスラムと呼んだりもします。大会によって特徴の違うコートで全勝するのは至難の業。男子で「年間」を達成したのはわずかに2人です。

テニスのほか野球の満塁本塁打や男子ゴルフのマスターズ、全米・全英両オープン、全米プロの4大大会制覇も同様に呼ばれます。30年、当時のゴルフ4大大会を制し、米国のボビー・ジョーンズが史上初の「年間」を達成。その後はいません。

2002年、「年間」を期待されながら2勝にとどまったタイガー・ウッズ選手は「一つ勝つだけでも成功。二つだから大成功だ」と話しました。

日本選手の達成者はいません。全米では惜敗したテニスの錦織圭《にしこりけい》選手や、ゴルフの松山英樹《まつやまひでき》選手に期待したいですね。

（窪田勝之）

十二支の申、なぜ猿?

●もともと無関係だったのが

２０１６年は申年《さる》。年賀状で「申」の字や猿の絵を使った方も多いことでしょう。しかし、「申」がなぜ猿を表すのでしょうか。

十二支は、古代中国では「甲乙丙丁《こうおつへいてい》」などの十干《じっかん》と組み合わせて、日にちを表す60日周期の暦として用いられていました。やがて、年月や時刻、方位も表すようになりました。月名としては、11月が子《し》、12月が丑《ちゅう》、1月が寅《いん》に当たり、10月の亥《がい》で一巡します。

「子」から「亥」までの漢字がなぜ選ばれたのかは明らかでありませんが、元々動物を指していなかったことは確かです。「子」は頭の大きな小児の姿をかたどった文字です。「申」は稲光が走るさまをかたどっているとされ、「神」または「伸」と同じ意味を表したともいわれます。猿とは関係ありません。

十二支が動物を意味するようになったのは、秦《しん》の時代（紀元前3世紀後半）と考えられており、当時の竹簡《ちくかん》に記録が残っています。現在の12の動物が出そろったのを確認できる最古の例は、1世紀に成立した王充の「論衡《ろんこう》」という書物です。

動物を当てた理由もよく分かっていませんが、動物の名を使って庶民が十二支を覚えやすいようにした、といわれます。

12の動物がどのように選ばれたのかには、古代バビロニア（現在のイラク）の「黄《こう》道《どう》十《じゅう》二《に》宮《きゅう》」という天文学の影響によるという説があります。十二宮のほとんどは、星座名にもなった雄《お》羊《ひつじ》・雄《お》牛《うし》などの動物で表されていました。

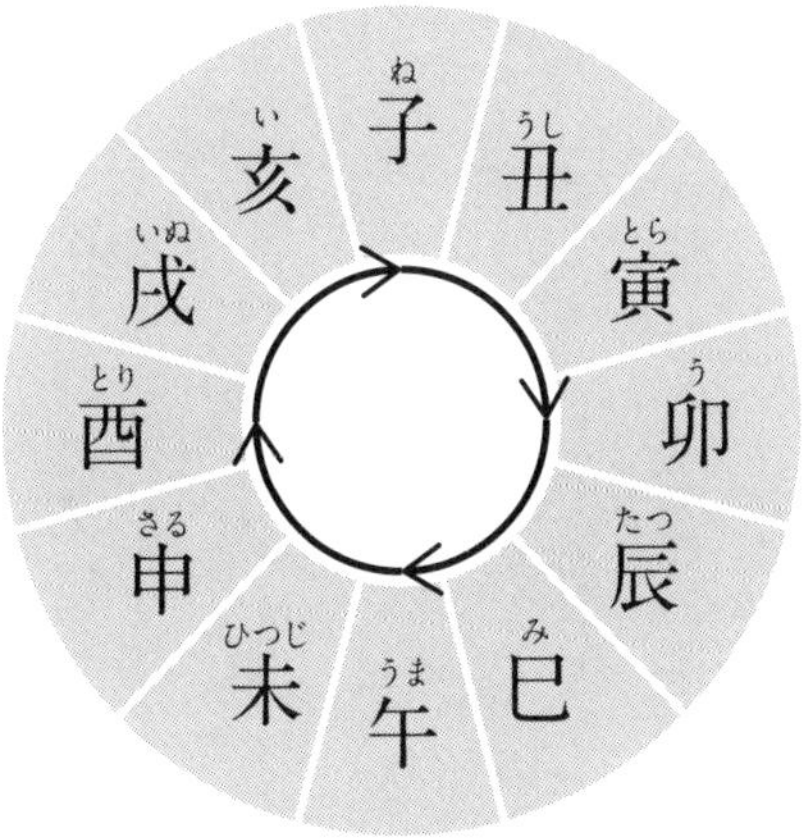

この十二宮が中国に伝わり、十二獣と呼ばれる動物たちがうまれたとされます。これらが十二支の動物の元になったようです。（田島恵介）

遅く生まれたのになぜ「早生まれ」？

●年をとるのが遅い利点も

新入学の準備に忙しい時期、3月生まれの長女が入園・入学の際にたびたび掛けられた言葉が「早生まれだと大変でしょう」でした。同学年の子どもたちの中では遅く生まれたのに、なぜ早生まれなのかと思ったことはありませんか。

「早生まれ」とは「1月1日から4月1日までの間に生まれたこと。また、その人」のことです。日本国語大辞典では「4月2日以降に生まれた児童が数え年8歳で小学校に入学するのに対してそれより早く数え年7歳で入学するところからいう」としています。同じ学年ではなく同じ年に生まれた中で「早い」ことからきています。

教育政策や制度に詳しい渡部宗助《わたなべそうすけ》・元埼玉工業大学教授によれば「早生まれは日本に学校制度が導入されてから生まれた言葉と考えられる。入学が4月である限り避けられないが、9月入学もかつて制度としてあった」そうです。義務教育の年限が4年から6年になった2年後の1909年に「二重学年制」などと呼ばれる9月入学併用制度が導入されました。4月2日〜9月1日に生まれた満6歳児を翌年4月を待たず、9月に入学させるのです。中等学校の入試との関係、行財政面での負担など様々な理由で定着しませんでしたが、法的には41年に国民学校令が施行されるまで続きました。

幼児教室を展開する七田《しちだ》チャイルドアカデミー宝塚教室の中井美代子《なかいみよこ》先生は「生まれ月による差があるのは小学校低学年まででではないか。小学校受験では月齢差を考慮している学校もある」といいます。

同級生の中では年をとるのが遅いため、大人になってありがたみを感じるという声もあります。定年退職日が誕生日の会社の場合、給料をもらえる月が多くなるという利点もあります。トータルで考えると早い遅いを気にすることはないかもしれません。

（森田貴美子）

養護教諭と養護学校教諭、二つの「養護」

●仕事が異なるのになぜ同じ名前？

学校でけがをした時などに手当てをしてくれる「保健室の先生」。正式には養護教諭といいます。一方で障害のある子たちが通う養護学校にも教諭がいます。仕事が異なるのに同じ「養護」という言葉が名前につくのはなぜなのか、不思議に感じたことはありませんか。

「養護教諭制度50周年記念誌」などによると、どちらも起源は明治時代に始まる「学校看護婦」です。日清戦争で兵隊が持ち帰った目の感染症が流行し、国民皆兵の時代、将来の兵士を育てる場でもあった学校現場では対策が急務とされました。この学校看護婦が学校衛生と病弱児のケアを担いました。

その後、1941年の国民学校令で学校看護婦は「養護訓導」と改称され、「児童の養護を掌《つかさど》る」こととなりました。その際、当時死亡原因の1位だった結核を早期予防する観点から、著しく体の弱かった児童のケアは「特別養護」として切り分けられ、障害児も含めた養護学校が置かれました。

養護教諭出身の鈴木《すずき》裕子《ゆうこ》・国士舘大学准教授は「どちらも同時期に成立し、共通の課題に対応しようとした」といいます。戦後、養護訓導は養護教諭として再出発し、一方で一部は特別支援学校と改称したものの養護学校もそのまま続き、ルーツを同じくする二つの「養護」が併存することとなったのです。

「養護」の呼称が生まれて70年以上たちますが、鈴木准教授は「現代の養護教諭における養護概念に統一された見解があるわけではない」と指摘します。学校衛生など従来の役割に加え、保健室の外にも新たな仕事が広がっています。

ある公立高校の養護教諭（26）は、保健の授業で教壇に立ち、性教育や交際相手によるデートＤＶについて話す機会が増えたそうです。「子供たちが楽しく学校生活を送るサポート全てが養護なのでは」。時代と共に役割にも変化がみられます。


（磯貝誠）

災害の危険性をどう発信するか

●「注意報」も重いシグナル

栃木県のスキー場付近で2017年3月に起こった雪崩事故で、高校生ら8人が犠牲となりました。当時、この地域には「なだれ注意報」が出ていましたが、講習が実施されました。災害の危険性は、どんな表現で伝えられているのでしょうか。

各気象台が出すのは「特別警報」「警報」「注意報」の3種類。気象警報での特別警報は「重大な災害が起こるおそれが著しく大きいとき」に出され、「大雨、暴風、暴風雪、大雪、波浪、高潮」が対象です。「重大な災害が起こるおそれのあるとき」の警報には「洪水」が加わりますが、「なだれ」は入りません。「災害が起こるおそれがあるとき」の注意報は、「なだれ」など16種類あります。

気象庁業務課によると、2015年に全国で出した警報は1409回ですが、注意報は1万8526回。「なだれ」は477回あります。言葉を見聞きするのは「注意報」が圧倒的に多く、「警報」と言われるより警戒が薄れがちです。

同庁予報課の担当者によると、過去には雪崩の警報を設ける議論もされたそうです。ただ、地理的条件に大きく左右されるため、ピンポイントで予測することが難しく、注意報のみで今に至っているそうです。

他国はどんな表現で雪崩警戒を呼びかけているのでしょう。カナダでは、NPO「アバランチ・カナダ」を中心に雪崩予測を伝えています。雪崩の危険性を「低い(Low)」から「極めて高い（Extreme)」まで5段階の表現で、地域の特性に応じて毎日細かく発表します。高校生7人の死亡事故など計29人の犠牲者が出た03年から対策などを見直しました。

日本の「注意報」も、警報と同じく蓄積されたデータを基に出される警鐘です。言葉の印象に引きずられず、「自然を甘く見てはいないだろうか」と冷静に考えるべき重いシグナルの言葉として捉えたいものです。

（坂上武司）

新幹線の駅名が長くなるのは

●「新函館北斗」物語

本州と北の大地が北海道新幹線で結ばれた2016年3月、北海道側では「木古内《きこない》」「新函館北斗」、青森県側では「奥津軽いまべつ」の計3駅が開業しました。

ところで、最近の新幹線の駅名は長いと感じませんか。「奥津軽いまべつ」も「新函館北斗」も仮名だと9文字。個性的ですが、すんなり覚えるのは難しそうです。

1964年開業の東海道新幹線では「東京」「名古屋」「京都」のように大半の駅名はシンプル。「岐阜羽島」を除き、在来線駅と近い別の場所で開業した場合に「新横浜」「新大阪」のように「新」が付く程度でした。「新○○」型はその後も、「新神戸」や「新白河」など多く見られます。

では「新函館北斗」などという名称がなぜ付いたのでしょうか。朝日新聞の関係記事などによると、ルートの制約で駅舎が函館市中心部から16キロ離れた北斗市に建設されることから、同市は「北斗函館」を希望。一方、函館市は知名度や分かりやすさで「新函館」を推しました。両者は合意に至らず、最終的にJR北海道が現在の「複合型」に決めた経緯があります。

複合型は75年の東海道・山陽の全線開業時、28駅中岐阜羽島だけでしたが次々増えました。「水沢江刺」のように二つの都市名を合体させたり、「黒部宇奈月温泉」のように観光地名とくっつけたり。82年の東北新幹線開業以降でみると駅名の3割を占めます。

都市政策に詳しい信州大の武者忠彦《むしゃただひこ》准教授は「知名度向上や観光振興をめぐる地域の利害調整の結果、駅名は長くなりやすい。初めは違和感があっても、駅が観光などの玄関口として機能すれば、なじみが出てくるかもしれない」と話しています。

（大屋史彦）

ローリング・ストーン、英・米で意味にずれ

●両国の歴史の違いから

40年以上も活動するバンド、ジ・アルフィー。1986年のヒット曲に「ROCKDOM―風に吹かれて―」(作詞・高見沢俊彦)があります。大ファンの私ですが、「若さの他には何もない/俺達の愛は転がる石のようだった」という歌詞の意味を長らくつかめずにいます。

問題は「転がる石」です。ボブ・ディランの「ライク・ア・ローリング・ストーン」という曲に影響を受けたという説もあります。ですが、これは女性が貧しい生活へと転げ落ちるさまを歌ったもので、アルフィーの曲とは相いれない気がします。

「研究社新英和大辞典」で「rolling stone」を見ると、「ア・ローリング・ストーン・ギャザーズ・ノー・モス」(転石苔《こけ》むさず)ということわざが出ています。

その意味は「しばしば商売〈住居〉を変える人は金がたまらない、絶えず愛人を変える人は真の愛は得られない」です。同時に「米国では、絶えず活動している人はい

つも清新だという意味に用いることもある」と書かれ、英国と米国で意味にずれがあるようなのです。

名古屋外国語大学の山内進《やまうちすすむ》教授によると、このことわざは16世紀、英国の本に初めて登場します。ラテン語の「絶えず移植される草木には実《み》はならない」を下敷きに、実を苔に変えて英訳したものでした。

英国と米国で意味にずれがある背景について山内教授は、英国は伝統に対し良いイメージがあり、物事が変転することは好ましくないと捉えてきた、と言います。それに対し米国に渡った移民は新しいこと、活動的であることをよしとしています。

もう一度、歌詞の意味を考えてみました。「転がる石のようだった」は、夢を追いかけて活動していた若い頃は、お金や地位（苔）はなかったけど、恋人との愛は（汚れのない）純粋なものであった、と解釈できないかと思っています。

（田中孝義）

トランプ狂騒曲

●日本では誤って「トランプ」に

ドナルド・トランプ氏が2017年1月、米大統領に就任します。立候補表明以降、「トランプ」の文字を目にする機会が増えました。その度に思い起こします。あのカードのことを。

日本でトランプといえば、正月にもよく遊ぶ玩具。でも米国では、つづりも一緒のトランプ氏とトランプを掛けた風刺などはあまり見られないようです。

英語のtrumpは、名詞で「切り札、奥の手」などの意味があり、動詞でも「やっつける」などの意で使われます。日本でいうトランプは「(プレイング)カード」といいます。

日本で「トランプ」と呼ばれるようになったのは、明治時代に「西洋骨牌《かるた》」として輸入された時の勘違いが影響したようです。「日本国語大辞典」は、カード遊びをする外国人が切り札の意味で「トランプ」と言っていたのが名称として広まったと説明しています。1907（明治40）年出版の「世界遊戯法大全」にも「誤って骨牌全体の名となったらしい」とあります。

オバマ大統領就任時は福井県小浜《おばま》市でグッズが作られましたが、今度はトランプ氏をあしらったトランプでもはやるのでしょうか。玩具大手の任天堂に聞くと、「今のところ販売の予定はない」と即答しました。

一方、海外でも、ゲーム用カードの商品名に「トランプ」が使われている例があります。

英国の環境ゲーム開発会社は環境問題を学べるカード「エコアクショントランプ」を販売しています。ところが米大統領選を受け、英BBCに「私たちのブランドを汚したため名前を捨てるつもりだ」と述べました。

トランプ氏と争ったヒラリー・クリントン氏は「Love trumps hate.（愛は憎しみに勝る）」のスローガンを掲げていました。トランプ氏のヘイト（憎悪）発言への皮肉といえます。憎しみの連鎖が絶えぬ中、就任後もこの言葉は胸に刻んでおきたいものです。

（武長佑輔）

中東と呼ぶとき、アラブと呼ぶとき、西アジアと呼ぶとき

●複雑な呼び名の背景

トランプ米大統領が就任直後に打ち出した中東・アフリカ7カ国からの入国一時禁止が、波紋を広げ続けています。当初指定されたのはイラク（後に除外）、イラン、シリア、イエメン、リビア、ソマリア、スーダンでした。

この地域の呼び方は少々複雑です。

「中東」は、欧州から見て東を「近東」「極東」と3分割した真ん中の地域。19世紀の英国のインド植民地化のころに使われ始めた表現のようです。

一方、日本でいう「中東」は、範囲を広めて欧州の南に位置する北アフリカまで含むことがあります。外務省は、「サハラ砂漠以南とは文化・社会面など大きな相違がある」として中東と北アフリカをまとめて担当する部署を置いています。先の7カ国ではアフリカのリビアも中東1課の担当です。

また、石油を生産する国だけを「中東産油国」とする区分もあります。

アラビア半島から北アフリカの範囲は「アラブ」とも呼びます。もともとアラブは「アラビア語でものを考える人たち」を意味し、出身地や人種では区分しません。アラビア半島の言語が広がり、独自の文化を育みました。

スポーツ関係などではアラビア半島までをアジアに含め、西アジアや西南アジアと呼ぶこともあります。これらの言葉からは飛鳥時代のペルシャ交易の情景も浮かびますが、現代の政治や経済の話ではあまり目にしません。

イスラム教を信仰するイランは中東や西アジアには入りますが、ペルシャ語圏なのでアラブには含まれません。トルコ語を話すトルコも同様です。

中東戦争、アラブの春、西アジア考古学……。同じような地域でも、分野によって使われる呼び名は様々です。

（武長佑輔）

外交にビジネスに「選択肢はテーブルの上に」

●良心的とも脅しとも

「すべての選択肢はテーブルの上にある（All options are on the table.）」

核やミサイルで挑発行為を繰り返す北朝鮮に向けて、米トランプ政権はこんな言葉を繰り返しています。

米国では過去にも、中東情勢を巡ってブッシュ（子）、オバマ両政権が同じ表現を使っていました。日本でも、東京都の小池《こいけ》百合子《ゆりこ》知事が新党の代表就任を巡って「すべての選択肢がある」と発言していました。

英語では「on the table」が重要な意味を持ちます。オックスフォード英語辞典によると、初出例は１６４６年。「考慮されている」「話し合われている」といった意味がある、としています。

テーブルや机と直訳される「table」は、あえて例えるなら議会の机であり、「熟慮」といった比喩的な意味を帯びています。「on the table」と表現すると、「考慮中」

「継続審議」「結論の先送り」といった広い意味が含まれます。

今の社会では「ビジネス交渉の場でも公式な表現として使われている」と米ユタ大学の東 照二《あずましょうじ》教授（社会言語学）は説明します。

自身の持っているものはすべて机の上に並べていて隠していないから、「私は正直者です」と訴えかけ、「そちらはどうしますか？」と相手に対応を促すような姿勢を表します。

受け取る側にとっては、良心的とも押しつけとも捉えられます。「米大統領の発言となると、力の誇示の側面が強まる。『交渉から軍事的行動まであるぞ』という脅迫に近い意味になる」と東教授は言います。

外交問題に詳しい米ボストン大学のトーマス・バーガー教授は「かつての米政権ならば敵国に『レッドライン』を越えないよう牽制《けんせい》する言葉だった。だがトランプ政権では、感情的な選択をする危険性もはらんでいる」と、その表現の含意を危惧しています。

（坂上武司）

国名元素「ニホニウム」

●銀元素が国名由来のアルゼンチン

日本生まれの初の元素である113番「ニホニウム」が2017年春、理科の教科書の一部に載りました。前年、その命名も話題になりましたが、ニホニウムと同時に名付けられた他の3元素のうち、米テネシー州から付いた「テネシン」と、ロシアの首都からとられた「モスコビウム」も地名が由来でした。

国名から名付けられた元素はさほど多くないですが、地名が由来なのは20以上あります。

「国名元素」としては、フランスが由来のフランシウムのほか、古代の国名やラテン語の国名を付けたものがあります。19世紀末に発見されたポロニウムは、ポーランド出身の化学者マリー・キュリーが故郷の独立運動を思い、ラテン語の国名「ポロニア」から命名しました。

アメリシウムの由来も一見、アメリカ合衆国のようですが、アメリカ大陸です。周期表の一つ上にユウロピウムがあり、「欧州の次は米大陸」と連想ゲームのように命名されました。

ローカルな地名から複数の元素名が生まれた例も。ストックホルム近郊の小村イッテルビーは、産出する鉱石から次々と元素が見つかり、イットリウム、テルビウム、エルビウム、イッテルビウムの四つの名前の由来になりました。この鉱石の研究の先駆者ガドリンも、ガドリニウムに名を残しています。

一方、47番の「銀」は逆に、国名の由来になっています。大航海時代にスペイン人が、南米を流れる川を「ラプラタ」（スペイン語で銀）と呼んだのがきっかけで、銀のラテン語名アルゲントゥムが元となって、国名「アルゼンチン」が生まれました。銀の元素記号Agもアルゲントゥムからとっています。

ニホニウムを発見した理化学研究所（埼玉県和光市）と最寄り駅を結ぶ道路は、市民らの投票で「ニホニウム通り」と名が付きました。日本でまた元素の発見があれば、それにちなんだ地名も現れるかもしれません。

（加藤正朗）

ニュースサイトの見出しの熱意

13・5字以内の闘い

「神の手　謎の棋士に囲碁界騒然」

新聞社などから配信される多くの記事から注目記事を選んでいるYahoo!ニュース。2016年12月、朝日新聞の記事がこんな見出しで掲載されました。

編集部は13・5字以内（半角英数字は0・5字）で見出しをつけます。一目で内容が分かる最適な字数として、2001年から同じです。ほかの多くのニュースサイトも見た目でのわかりやすさを意識してか、似た形式です。

私は2016年夏まで約2年、校閲部署を離れ、あるスマートフォン向けニュースサイト編集部にいました。今どの記事が読まれているか。めまぐるしく変わる様々なデータを参考に編成します。

同サイトの編集長（38）は「記事の見出しは閲覧数に直結する。読者の好奇心を刺激するよう腐心している」。

冒頭の記事の朝日新聞デジタルでの見出しは「ネット上の超絶棋士『神の手』　囲碁界騒然、正体は？」。01年から26字以内です。デジタル部門に10年以上関わる先輩記者によると、当時のパソコンの画面サイズや全体のデザインを考え、1行で表示する最適な字数を検討した結果のようです。

一方、朝日新聞本紙は「謎の早打ち棋士『神の手』　突然ネットに　囲碁ＡＩ『Ｚｅｎ』を圧倒　新手のＡＩか」とし、要点を盛り込みながら、文字の配置や大きさを工夫しています。

前述の先輩は「新聞はレイアウトでも工夫できるがネットは言葉自体が勝負。話題のキーワードを最初に置いたりやわらかい言葉を使ったりする」。

とはいえ、過激な言葉や大げさな表現はネットでも厳禁。サイト編集長も「数字は大事だが、読まれる元になるのはサイトへの信頼だ」と語ります。Ｙａｈｏｏ！では閲覧数があまりに多いと内容を勘違いされている恐れがあると捉えて、見出しを再考するそうです。

見出しには、情報をより広く伝えたいとの熱意が込められます。校閲作業でも正確さはもちろん求めつつ、その熱い思いは共有しています。

（桑田真）

あとがき

スマートフォンでインターネットを通じて他者と簡単につながることができる時代になりました。文字でのコミュニケーションが手軽にできるようになるにつれ、改めて「ことば」への関心が高まっています。

今回、伝統的な活字メディアである朝日新聞社の校閲センター員が朝刊の「オピニオン&フォーラム」面に執筆した「ことばの広場─校閲センターから」の記事を、まとめてお読みいただけることになりました。朝日新聞社が読者との双方向のやりとりを目指して2015年4月に設けたこのページに、記事や紙面の点検を主業務とする校閲センターも参加し、読者から寄せられたことばに関する数々の疑問にお答えしてきたのが「ことばの広場」の連載です。

2016年には出版社の校閲部を舞台にしたテレビドラマが話題になり、「校閲」という仕事がより一般に知られるようになりました。新聞校閲の現場は、原稿が出稿されてから組み版が終わって印刷に回されるまで、ごくわずかな時間しかありません。そのなかで、誤った表現はないか、誰かを傷つけるような言い回しになっていないかなどをチェックしていきます。

集中力が試されますが、同時に早版の点検作業から、日付が変わってから製作される最終版まで、その集中力を持続させる力も要求される職場です。誤りは印刷される前に直して当たり前。もし1版でも出てしまったら、翌日の訂正が頭をよぎって、重い気持ちになります。そんな校閲センター員たちの喜びは、たとえ記事を出稿した部のデスクが直しを渋ることがあっても、説明を重ねて納得してもらって、紙面が改善されることです。そういう場面でセンター員個々人のことばに対する知識の蓄積が生きてきます。

本書は、読者から寄せられたことばに関する疑問を元に、その分野に関心が深い者が限られた行数で解説を試みたコラムのうち、２０１５年4月8日から17年12月6日にかけて新聞に掲載されたものを収録しました。お読みいただき、一つでも心に留まるような項目があればうれしく思います。

なお、文章は掲載時のままとすることを基本としましたが、文中にあった「先月」

「昨年」などの表記については具体的に書き直したり、読者の理解を助けるために掲載日前後の日付を補ったり、人名には新しく読みがなを振ったりするなどの手を入れました。登場する学者や識者、取材に応じてくださった方々の肩書や年齢などは、掲載時のままとしました。

最後になりますが、本書の出版に当たっては、さくら舎の古屋信吾さん、猪俣久子さんのお力添えがないと実現しませんでした。この場を借りて厚く御礼を申し上げますとともに、コラムの題材を提供してくださった朝日新聞の読者のみなさまにも、深く感謝申し上げます。

２０１８年２月

朝日新聞東京本社校閲センター長　東　浩一

●執筆者一覧

青山絵美、有山佑美子、池田博之、磯貝誠、板垣茂、市原俊介、岩本真一郎、上田明香、上田孝嗣、大月良平、大堀泉、大屋史彦、岡田宏康、越智健二、小汀一郎、梶田育代、加勢健一、加藤順子、加藤正朗、金子聡、河原一郎、窪田勝之、桑田真、高口信孝、坂井則之、坂上武司、佐藤司、菅井保宏、菅野尚、関谷修、竹下円、武長佑輔、田島恵介、田中孝義、田辺詩織、鶴田智、中井晶子、中島一仁、中島克幸、中原光一、奈良岡勉、野村ひとみ、広瀬集、広瀬隆之、藤井秀樹、細川なるみ、前田安正、町田和洋、松原雅己、松本理恵子、水本学、森田貴美子、森本類、薬師知美、柳沢敦子、八尋正史（以上、朝日新聞東京および大阪本社校閲センター）

著者紹介

朝日新聞東京本社校閲センターは、朝日新聞社発足時の校正係から校閲部を経て、２００６年から校閲センター。20代から60代まで社員60人（うち女性14人）。誤字やことばの誤用、紙面体裁、表記の統一、人権や差別問題に注意して、朝日新聞の朝刊、夕刊の紙面点検、朝日新聞デジタルの記事点検をしている。ほかに、紙面やデジタルでのことばに関するコラムの発信や社内研修も。大阪本社校閲センターは社員24人（うち女性8人）。

いつも日本語《にほんご》で悩《なや》んでいます
――日常語《にちじょうご》・新語《しんご》・難語《なんご》・使《つか》い方《かた》

二〇一八年三月一〇日　第一刷発行

著者　朝日《あさひ》新聞《しんぶん》校閲《こうえつ》センター

発行者　古屋信吾

発行所　株式会社さくら舎　http://www.sakurasha.com
東京都千代田区富士見一-二-一一　〒一〇二-〇〇七一
電話　営業　〇三-五二一一-六五三三　FAX　〇三-五二一一-六四八一
編集　〇三-五二一一-六四八〇
振替　〇〇一九〇-八-四〇二〇六〇

装丁　アルビレオ

印刷・製本　中央精版印刷株式会社

ISBN978-4-86581-140-7